アフォーダンスと行為

佐々木正人・三嶋博之 編

佐々木正人・三嶋博之・宮本英美
鈴木健太郎・黄倉雅広　著

金子書房

序

　現在、「心（マインド）の科学」といわれている領域がはっきりと姿をなしたのは十九世紀後半のことである。しばらくして人々はその新しい領域を心理学と呼び始めた。この新しい学問は、医学や生理学、生物学、物理学、文学などと連続した領域であり、二十世紀哲学の母体でもあった。心理学というのは多種の思考の混淆体であり、そこには未知の可能性があった。残念ながらこのオリジナルの柔軟さはやがて失われた。物質科学の厳密さへのあこがれに縛られ、対象を自在に見詰める眼差しは曇った。リアリティを研究者の都合で分裂させ、その一つ一つのかけらのなかで事象を因果的に説明しつくす方法論が急速に浸透した。その流儀の後継者たちが長らくこの領域で優位にたった。狭い境界を設定し、その内だけでソフィスティケーションを計ろうとする専門化が二十世紀心理学の歴史そのものになった。

　心理学に後続して登場した領域の試みも、心理学と同様な困難に出会った。たとえば今からちょうど四十五年前には、人間の知能を計算過程としてモデル化・解明し、知的人工物をつくり上げようという夢に向けて、北米全土から集まったさまざまな分野の一握りの研究者が熱い議論を戦わせ、人工知能研究の基礎をつくった。その後二十年ほどのあいだに、革新的アイディアや成果は出尽くしたとさえいわれる。人工知能の領域もやがて細分化され完成度を増すとともに閉塞に至った。

二十一世紀になった。いま種々の領域がまったく独自に心の研究をはじめている。はじまりの心の科学の活気が戻ってきている。既成の心理学は解体しつつある。人工知能の領域でも十五年ほど前からパラダイム転換への助走が始まり、加速を続けている。ここ数十年、心の科学の困難が自覚されたことは無駄ではなかった。現在、心を研究しようとしている若い研究者にはすでにまったく新しいパースペクティブがひらけはじめている。

心の科学は、自由に構想されなくてはならない。科学の初心に戻って、現象をあるがままに見つめる努力が必要である。分野を越えた概念と方法論の融合を活発化するべきだ。心という対象を共有しつつ、それの語り方においては領域を越えて「多言語」的であることが、普通になりつつある。新しい心の科学が芽を出しつつある。脳、身体、環境、相互作用、ダイナミクス、エコロジー、アフォーダンス、統合と分化、複雑系、創発と目的、自己創出といったキーワードが出そろい、何か大きな変化が起こりそうな前兆がある。

シリーズ「身体とシステム」の各巻は、まだ少数派の、若手を中心とした学際的研究者たちによって書かれる。この環境で「身体」を獲得した、進化するシステムとして心をとらえ直そうという動向に、少しでも姿を与えることを動機に、このシリーズは編集される。心の研究がどう変わりつつあるのか？　脱領域を目指す本シリーズは、終わった学問ではなく、これから生まれようとしている学問の息吹をわかりやすく伝えようとしている。

シリーズ「身体とシステム」編者

佐々木正人

國吉　康夫

❖目次❖アフォーダンスと行為

まえがき

本書は行為を主題にしている。行為とは動物のすることである。私たちは長い時間をかけて、自分のあるいは他人の、そして他の動物の行為を見ている。私たちは、膨大な行為を知っているが、それに立ちすくむことなく、すべてをよく知っているかのように一瞥して、それに囲まれて生活している。行為は地面や空気のように生まれたときから私たちの周りの自然の一つである。

だが行為をそのまま捕獲しようとすると、とたんにいきづまる。融通無碍といううまい言葉があるが、行為はまさに場に応じて自在に変わりつづけている。枠をつくってそこに追い込もうとしてもするりと逃れる。心理学や哲学の歴史には、行為に翻弄され、ひきずりまわされたあげく、放棄された理論の残骸をたくさん発見できる。ようするに行為の研究はとてつもなく困難な作業である。

しかしむずかしい作業にあえて取り組む者はいつの時代にもいた。本書の書き手もそういう無謀な先達の仕事を継ごうとしている。本書には、行為の本性に少しでも触れたいという動機から行われた五つの試みの中間報告を示した。いろいろな行為がとりあげられた。それは、首の骨折部から下、つまり全身の大部分が麻痺した頸髄損傷者が、時間をかけて獲得した衣類を身につけるための全身の動きの接続（Ⅰ章・宮本英美）。食卓で飲み物を入れたり、何かを食べるときに、食べ物や道具のあいだを急速に移ろう手の動き（Ⅱ章・鈴木健太郎）。光の感覚がない視覚障害者の都市でのナヴィゲーション（Ⅲ章・佐々木正人）。柔らかな紐の長さを、紐の端を摑んで知ろうとする手の動き（Ⅳ章・三嶋博之）。一日に数万の缶詰の群れを、細い金属の棒で叩きつづけ、そこにわずかな内容の変化を知覚している職業者の行為（Ⅴ章・黄倉雅広）である。

どの行為も、「行為とは何か」という大きな主題にはふさわしくない、ローカルな素材である。こんなに「特殊」な現象からはじめていいのかという疑いがないわけではない。しかしいずれも縁あって眼の前にあらわれた行為である。他にはない細部に満ちた行為である。私たちはこの与えられた行為を、たいした先行文献も、方法もなしに観察しつづけた。あまり急がずにというぐらいの、怠惰な私たちにはちょうどふさわしい頼りない指針があった程度である。

ところが数か月、数年と作業を続けてみると、思いがけなく当初は想像もしなかったことに行きあたった。発見とよべるようなこともあり、行為のシッポくらいにはふれたような気持ちになった。そこで中間報告であることを恐れずに書いてみることにした。

細部にこだわってしつこく行為を見る感覚さえ共有していただけるなら、そこで導入されている理論など知らなくとも筆者らが味わった楽しさを分かち合っていただけるかもしれない。読者には、真夏の野山で日射病を恐れずに夢中で昆虫を追った日の、追跡の粘りの感覚を思い起こして、各章の行為を一緒に追っていただくことを望みたい。そうしていただければ、書き手と同様に、行為のシッポに手が触れるかもしれない。


本書のタイトルにはアフォーダンスという言葉も使われている。アメリカ人で知覚研究をしたジェームス・ギブソン（一九〇四―一九七九）が英語の動詞アフォードから造語した名詞で「環境が動物に提供するもの」を意味する。しかしどんなに言葉をつくして定義されてもわかった気持ちになりにくい、謎の言葉である。行為の研究によってアフォーダンスに行き当たる方法はまだ誰ももっていないと言ってもいいかもしれない。

本書の書き手たちは自前の行為研究と、アフォーダンスが何を意味するのかを文献に探ることをほぼ十年間をかけて同時に行ってきた。長年かけて深められたアイディアを理解することも、やっかいきわまる作業である。さいわいこれまでに生態心理学を紹介する書物をいくつか公刊することができた（巻末の「ブックガイド」参照）。アフォーダンスという用語に興味をもってこの本を手にされた読者には、むしろそれらを参照されることをお勧めしたい。

いうまでもないがギブソンとその後継者たちの仕事を読むことは、私たちの研究にも大きく影響している。というか二つの作業はおそらく分けられない。私たちの眼の前にはただ行為があっただけであるが、それは私たちにとっては生態心理学を試みる所でもあった。心理学的豊さというようなものがあるとすれば、理論にではなく行為と環境のほうにあるというギブソンの確信は私たちを観察に引きとどめてくれた。それだけではなく、さいわいにして得ることができた観察の果実を人々に伝えるためにも、生態心理学という枠組みが必要であった。

ただし本書は確定したアフォーダンス理論の理解を基にした行為研究書ではない。ここで行われたことは、対象とした行為に固有の問題を、いったん、生態心理学に独自ないくつかの概念に係留してみた、その程度のことである。選択、不変項、入れ子、知覚系、遮蔽など、生態心理学オリジナルの用語は、私たちの研究がより深く行為に接近することをガイドするためには役に立った。それはうまく説明したり解釈するためにではなく、行為により近づいて知るために働いてくれた。生態心理学は私たちにとっては知覚の道具のようなものであった。扱われた行為自体の面白さと、生態心理学的な思考の面白さとがうまくかみあって、各章に膨らみのようなものが生まれていてくれることを祈るばかりである。

最後に、本シリーズ「身体とシステム」の編者の一人、貴重なコメントを寄せていただいた東京大学の國吉康夫氏、そして金子書房編集部の真下清、亀井千是の両氏に感謝したい。中間段階の研究を一冊の書物にして世に送りだすことができたのは三氏のご理解があったからである。

二〇〇一年　盛夏

佐々木正人
三嶋　博之

Ⅰ章

運動の回復
——リハビリテーションと行為の同時性

人の体はやわらかい。でもそれは、何もない空を漂うだけの存在ではない。足は地面を踏みしめ、四肢を備えた体幹は音や光の流れと共に揺れ動く。世界は確かな制約に満ち、身体はそこに根ざしている。行為はそこから始まる。行為の記述も、そこから始まる。

人が日常的に行っていることの多くはとても複雑で多様な調節に満ち満ちているのだが、普段それはほとんど意識されることはない。しかし、ひとたび中枢の損傷によって生まれてからずっとさまざまな行為になじませてきた身体を失うと、こうしたありふれた行為がいかに多種の運動の制御を必要とし場所や対象の細かな特徴に頼って行われてきたかを誰もが知る。運動障害者がリハビリテーションにより行為をふたたび開発するときの困難の多くは、行為を取り巻く状況の多彩さにどう適応するかという問題から発生するものだ。部分的にも運動が可能なら、筋力は訓練によって増強できる。それによって適切な運動を身につければ、機能欠損はある程度補償できるかもしれない。しかし、行為はダンスのように流麗な動きと違って、決まったゴールをもっている。日常生活で想定されるあらゆる状況において一定のゴールに向けて運動をうまく調節できなければ、行為の有効な学習はなしえないだろう。こうした多様な制約下でどのように一定の運動プロセスが形成されていくのか。

以下の節では、運動障害者が日常的な行為を発達させていく過程についての分析を取り上げ、行為を成立させ、その発達を可能にしているものについて言及する。しかしその前に、いささか一般的に行為を取り巻くさまざまな要素について述べておく必要があるだろう。実際、日常生活を送るとはどんなことなのだろうか。

1　行為の周囲にあること

人間の一日は、眠りから目を覚まし床から起きあがることから始まる。まず目にするものは、まだカーテンに遮られた薄暗い寝室の、整然とした調度品の配列、あるいは雑多にモノが散らかった床の上などの昨日と変わらない生活空間である。彼、あるいは彼女はこれからの十五分から三十分のあいだに、服を着替えて身支度を整え、顔を洗って髪に櫛を入れ、女性であれば化粧もし、軽く食事を済ませ朝刊に目を通し、行くべき所があるなら靴を履いて家を出る。日常の些事、必ず巡ってくる習慣化した行為の流れは、日々反復されるうちに同一の場所、同一の配置、同一の順番を獲得している。今朝もまた、何もなければ同じ外見をもつ出来事が繰り返されるに違いない。こうした一連の行為の流れを観察してみてほしい。自分のふるまいに気づくのは難しいので、家族や友人の動きをじっくり追跡する、あるいは犬や猫などのペットでもかまわない。観察されている対象は、限られた生活空間のなかを移動しつつ決まり切った活動を繰り広げる。あなたはよく観察してみたが、毎日見慣れた風景であるので新鮮味もなく、特に目立った特徴もなかった。そんなときは、対象が急ぎ足で去った場所に、彼らが残した痕跡がまだ残っているかもしれない。

たとえば、食卓の上。まだ片づけていなければ、そこには汚れた食器が並べられている。また、先ほどすぐに出かけられるように準備しておいたコートや鞄をおくために椅子を動かした。または、新聞記事に一通り目を通した後コーヒーのお代わりを汲みに立ったが、まだ読んでいないページが続けて読めるようにそのページが一番上になるよう新聞を折り返しておいた。目の前の風景は、起きたばかりのときとは異なっている。対象物の数や種類、位置や形態、場所や配置が変更されており、使用された跡がある。これらの痕跡には、空になった皿やパンくずの落ちたテーブル面のようにある行為が終了したことを示すものもあれば、読みかけの新聞のように一度中断されたが再開されるかもしれない行為の跡もある。また、散らかった食卓は次の活動のためにいずれは片づけられるだろう。物に対して行われたさまざまな変更は、行為者がいかに環境のある部分に手を加え行為のために役立てたかを示している。対象者が過ぎ去った後、行為がなされる前に比べてこの場所は特定の機能をはっきりと露出させている。あなたはここから、行為がなされる場所の特徴を読みとることができる。

今度は、実際に行為者がいる環境を観察してみる。そのために、この場所内で観察対象が動くのが一番よく見える位置に立つ。細かな動きも見落とさないための下準備が済んだら、目の前に生じていることの大筋を観るといういつもの癖は忘れて、その細部に目を凝らしてみる。すると人間の身体は、指先の精確な動作や体幹のひねりや頭の回転など、可動部位がタイミングが同期したりずれたりしながら動きつづけている。異なるパーツがばらばらに動いているというよりは、分かちがたく重なり合う運動のぶれが全身の変形パターンを生み出す、そんな動きである。観察対象が移動をし手足や体幹の位置を変えるとき、全身の形態は時間が経つにつれてある単一の運動プロセスを生み出していく。切れ目なく続くこの経路には、ごく短い周期で生起する運動から、長いあいだ持続する運動まで多岐にわたる運動が入れ子になっている。あなたは、一人の人間が動いている数分間に、さまざまな周期で生起しては終止していく運動を見る。

場と運動という二種類の要素は、行為の異なる側面を表している。場とは行為が利用する環境配置、と読み替えられる。今は誰も使用していないこの場所は、かつて起こった行為の履歴と、これから生じるであろう行為の潜在性に満ちている。それゆえここにある配置や構造は任意のものではなく、特定の機能を示している。この食卓には食事のための配置が、この衣服には身体を保護し体温を保つための配置があるというように。行為を取り巻く場は限定された意味をもっている。一方で、運動は複数種が協調していても単一のプロセスを場に生み出していく。場と運動とは互いに限定しあいながら相補的な関係を結んでいる。運動と場所とは一つのシステムをなしている。しかし、それだけではまだ行為そのものは見いだせていない。

誰かがそこにいて何かをしようとしている。そのとき、行為者はある行為を成立させるに必要な環境の性質に「接触」しつづけていなければならない。その状態において現在運動形成に有用な知覚情報が探索され、フィットする動きが組まれる。場所と運動はばらばらではなく共起しており、そこには知覚情報と運動の持続的な循環関係がある。

たとえば、道に落ちているコインを拾い上げるのは容易であるが、ときには飲み物が縁まで満たされたコップを盆にのせたまま足下に落ちたコインを拾い上げねばならないかもしれない。コップの水をこぼさないようにコインを拾うためには体幹を折り曲げて手をコインに伸ばすのではなく、一度しゃがんでから手を伸ばすなど手に何ももたない状態とは異なる運動が要求される。あるいはしゃがみ込む途中でバランスを崩してコップが倒れそうになるかもしれない。このタスクでは、地面に直接触れている下肢での制御だけではなく盆を支える掌と上肢、頭部、体幹など全身の部位が単一のシステムとして協調しなければ水はこぼれてしまう。ただ盆を支えて立ちつづけるのではなくコインを拾うために地面にかがみ込むとき、「コインを拾う」運動には水をこぼさないように平衡を維持しつつコインを定位しつづけるという持続的な情報検知が含まれている。行為者は動きながら周囲をモニターしつづけている。行為が成立するためには多様な環境の持続が検知され、その場その場で選ばれなければならない。行為は環境にランダムに応ずるのではなく、しかるべき探索を経てその部分を選び「利用」していく。

こうした「接触」そのものを記述するのは非常に困難なことだ。彼が何を見ているのか、は結局わからない。だが、環境情報と組み合わさりながら繰り広げられる運動は、必ずしも不可侵のものではない。よくなじんだ運動には一定の周期やゴール、一定の構造がある。それらは記述可能な単位だ。運動を根拠にして、行為の研究は着手できる。

2　発達する運動構造

何の苦労もなくこなしてきた日常的な行動が、ある日突然できなくなることがある。事故や病気によって身体に損傷を得て、運動的・認知的な障害を負う場合などがそうだ。重度の損傷のため機能の回復が望めないときは失われた機能を残った機能で補っていくのだとしても、損傷前と同一の仕方で行動することはできなくなる。患者は、損傷により前とは異なる制約をもつ身体を使いこなして、新たに行為を再学習しなければならない。パターン化された運動が突然失われるとき、その回復はどのように開始されるのだろうか。

筆者らは、ある重度の運動障害者の観察を行った（宮本、一九九九）。観察されたのは、そのころ彼がリハビリテーションの一貫として行っていた着衣、特に「靴下はき」であった。観察は約半年間続けられ、彼は靴下はきを習得し、そのタスクを短時間でこなせるようになった。明らかに、彼は靴下を履くためのスキルを発達させ、その動きは無駄がなく洗練されていった。ここでは、靴下はきのプロセスがいかに変化していったか、毎回行われたこの行為の途上で何が起こっていたかについて言及したい。

観察の対象者は、頸椎5番（C5）を骨折した二十代男性であり、肩より下の知覚と運動は完全に麻痺していた（残存機能レベルはC6）。腕と手にも部分的な麻痺があり随意的に動かすことはできなかった。入院直後はADL（日常生活活動）は全て介助されていたが、退院時には入浴・排泄・更衣以外は自立している。広範囲に及ぶ麻痺のために、座っているときは支えなしに姿勢を維持することができず、両手のリーチングや把持は、腕を振り手先や指で対象物に触れる、引っかけるという限られた動作だけで行わなければならなかった。健常者に比べると、その動きは著しく制約されたものである。

彼の靴下はきは、ベッド上で靴下にアプローチするところから始まる。健常者ならとりあえず靴下を手にとって操作するわけだが、彼は指を折り曲げて靴下を握ることが難しいので、靴下の両側に取り付けられた輪に指をひっかけて靴下を動かしている。靴下をかぶせるターゲットである足は随意的に動かせないが、健常者が行うように座位姿勢でリーチングを行うと体幹が倒れてしまうので、手で外的に曲げて足先を体幹の前にもってくるか、体幹を倒して足先に近づけるかのどちらかでターゲットに接近する。体幹が倒れないように支持するのは難しい。前屈しているときは、体幹を腕や肘で支えるか、体幹を左右に倒して支えているが、この姿勢では両手が使えないので支持する手を交換しながら操作も行わなければならない。ベッドにもたれるときは、手を伸ばしたり足を抱えたりするたびに倒れてしまいそうになる。彼の身体は、靴下に向かうとき何とも不安定になり、行為のプロセスは姿勢の崩れによって何度も中断される。

ボールの上に座って体幹を支えるというタスクを想像してみてほしい。ボールは大きくて弾力性に富むもの、できれば足が地面につかないくらいの大きさが理想的だ。はじめてその上に座ると、たいていの人は数秒間座りつづけていることすらできない。しっかり踏みしめていた地面は正体をなくし、支えを失った身体は不安定にぐらつく。慣れれば座っていることはできるかもしれないが、その上で食事をしたり、服を着たりしようとしたとたんにバランスは崩れてしまう。健常者は意識することなく身体の支持を行うことができるが、頸髄損傷者の体幹はボールの上に座るのと同じくらい不安定な支えをしかもたない。そのため、頸髄損傷者が座位で生活に欠かせない食事や着衣などの活動を行うとき、最大の制約となるのが支持をつくることとそれを保つことなのである。

対象者は、このような条件でどのように靴下をはいたのだろうか。分析されたデータから、その半年間にわたる発達の軌跡を追うことにしよう。

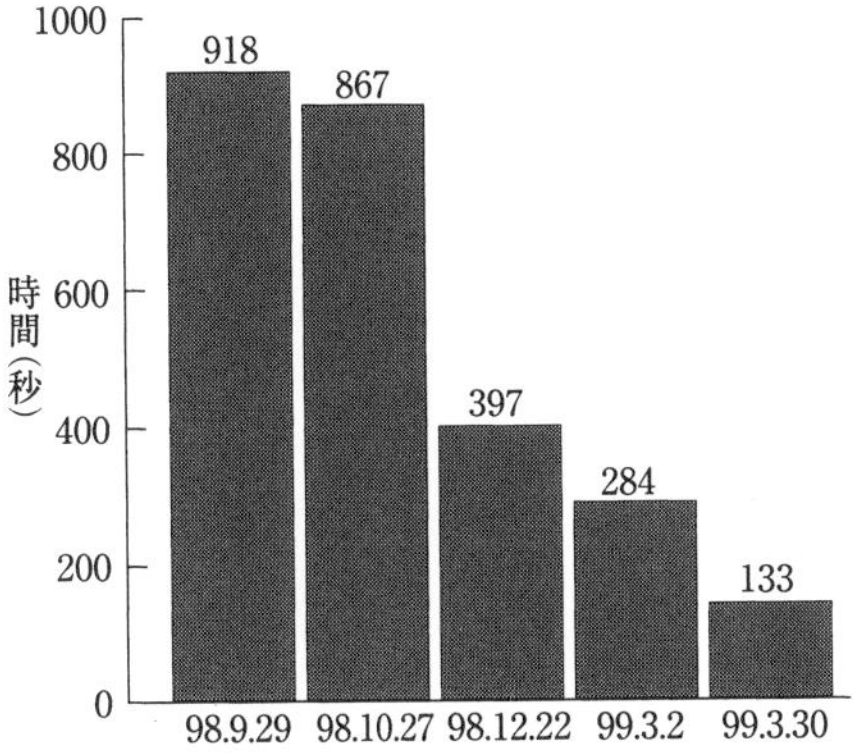

図１－１　所要時間

図１－１は片足の靴下をはくまでにかかった時間を月別に表したものである。初回の九月の試行は、対象者が受傷後初めて靴下はきに挑戦した回であった。このとき時間は九一八秒（約一五分）かかっているが、半年後の三月三十日には一三三秒（約二分）にまで減少している。どの試行においても靴下はきは達成されていた。半年間に靴下はきのスキルは着実に向上していったと考えられる。

ここでのスキルの発達とはどのようなものだったのだろうか。靴下はきの「方法」の変遷を見るとその傾向がつかめる。観察によれば、すべての試行には共通する手順――体幹が倒れないような支持を確保↓靴下をはめやすい位置にまで足先を移動する↓靴下の入り口を広げて爪先にはめる↓靴下を引き上げる――が見られた。しかし、それぞれの局面に使われた運動は全体的にばらつきがあり、さまざまな「方法」が試されていた。たとえば、次頁の図１－２ａは「足先を体幹近くに引き寄せる」（図１－２ｂ）ときの主要なパターンとそれらの試行別

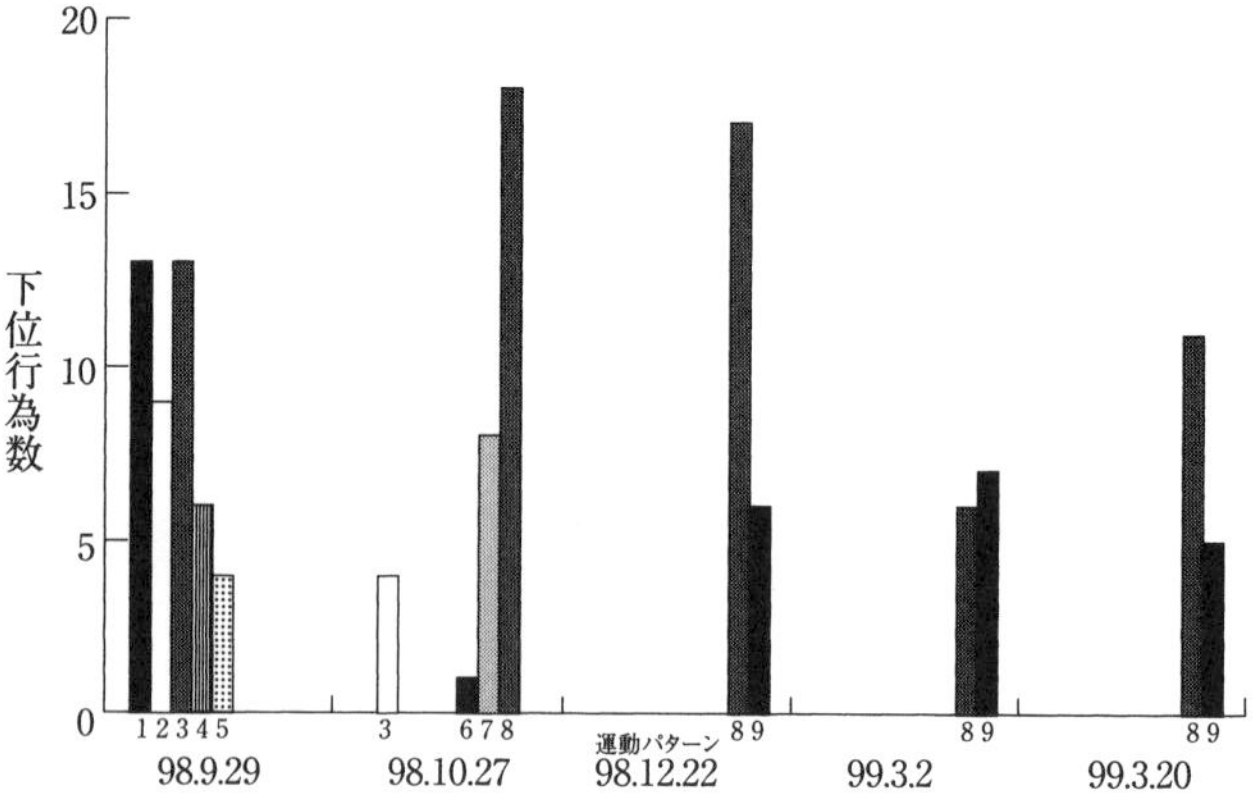

図１－２ａ　「脚位置の調整」運動パターンの分布

棒グラフ下の各数字は図１－２ｂに示す番号の各動作に該当

の出現数を表している。

各動作パターンは使用部位・運動の種類・支持姿勢が異なっている。その分布を見ると、九月に五種類が出現し、十月になると九月と同じ一種以外は新たなパターンが三種現れている。十二月以降は二種だけが出現しており、二つのパターンが最終的に残っている。この動作は、九月、十月、十二〜三月の三つの時期で異なる方法が使用されていたといえよう。データが示しているように、サブタスクにおける動作パターンの変遷には、最初に多様なパターンが使用されるが後に（主に十二月以降）一定のパターンだけが残るという共通する傾向があった。つまり、探索を経てうまくいく動作が選ばれていった。それは、個々の

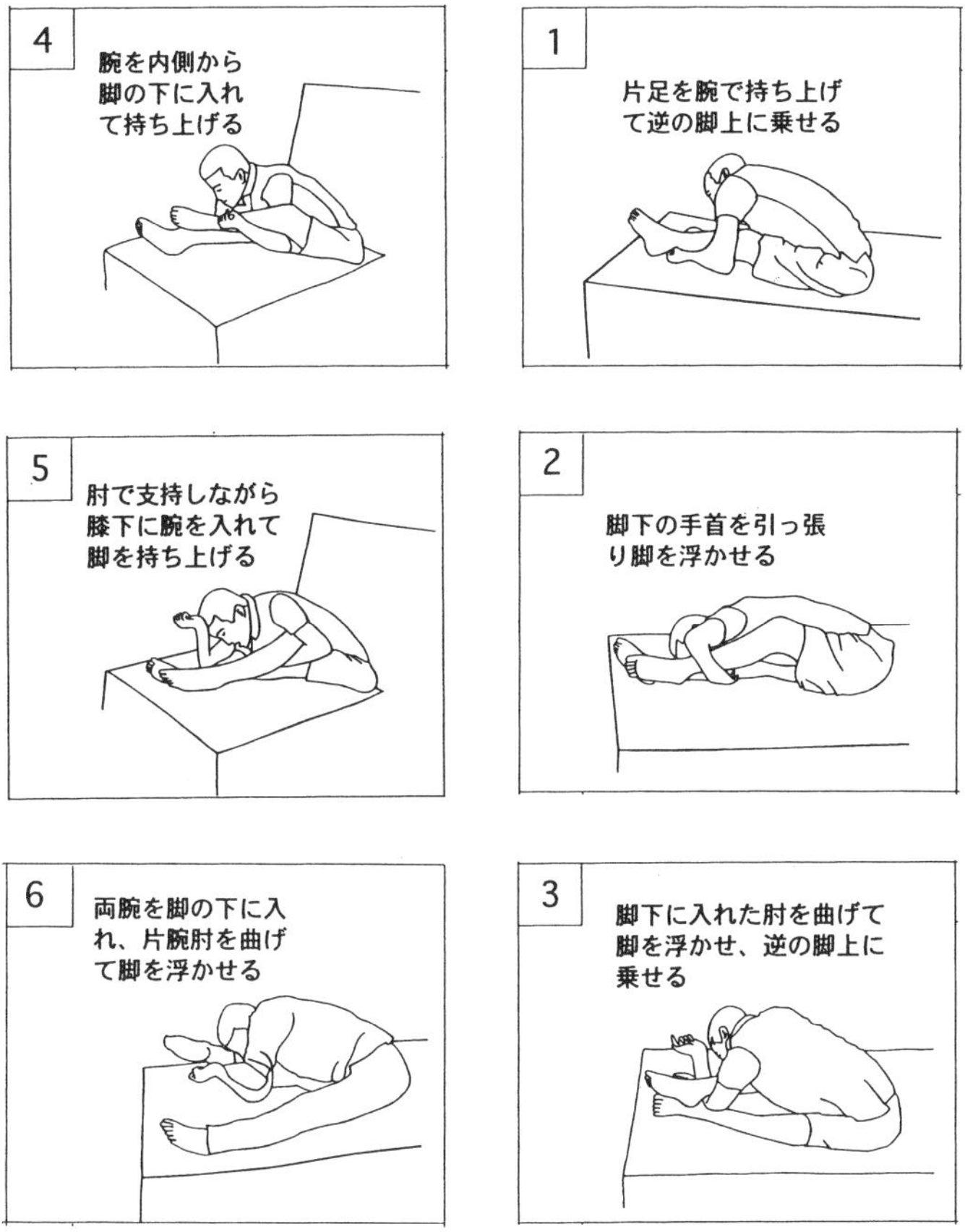

図１－２ｂ　「脚を引き寄せる」運動パターン

運動が効率的にパターン化されることによる直線的なスキルの向上を示しているかのようだ。

　しかし、必ずしもそうとはいえない。次に示す別のデータには、異なる発達的傾向が見えている。

　この分析で対象とされたのは、靴下はきの構造とその構成要素であるローカルな運動の関係である。まず第一に、映像による観察から可能な限りの細かい運動単位に靴下はきを分割した。個々の運動は、一部位の持続的な運動が静止・対象物への接触・別の部位への

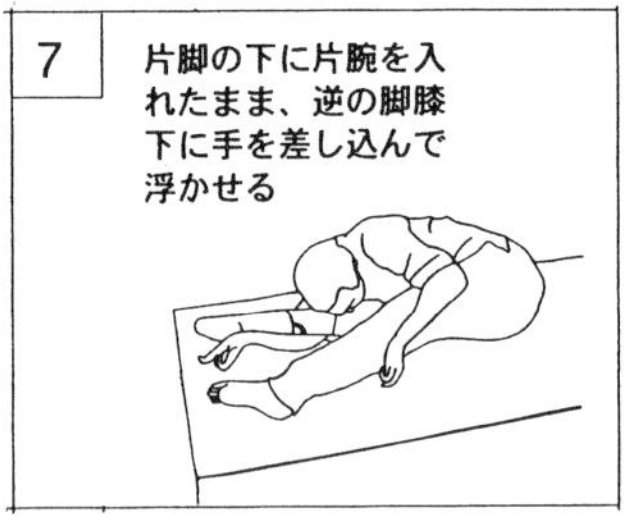
7
片脚の下に片腕を入れたまま、逆の脚膝下に手を差し込んで浮かせる

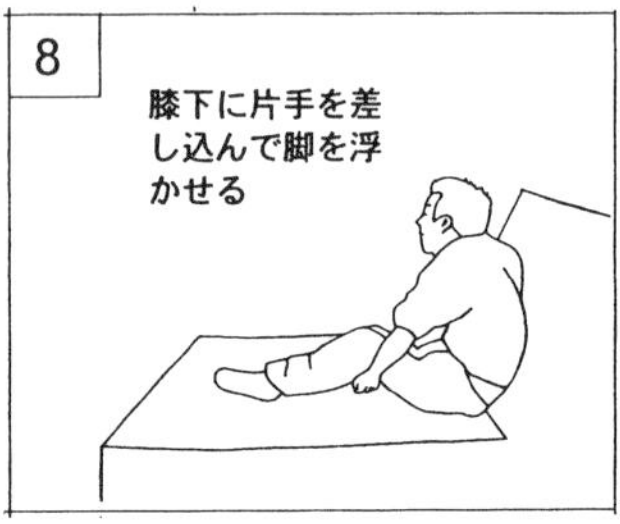
8
膝下に片手を差し込んで脚を浮かせる

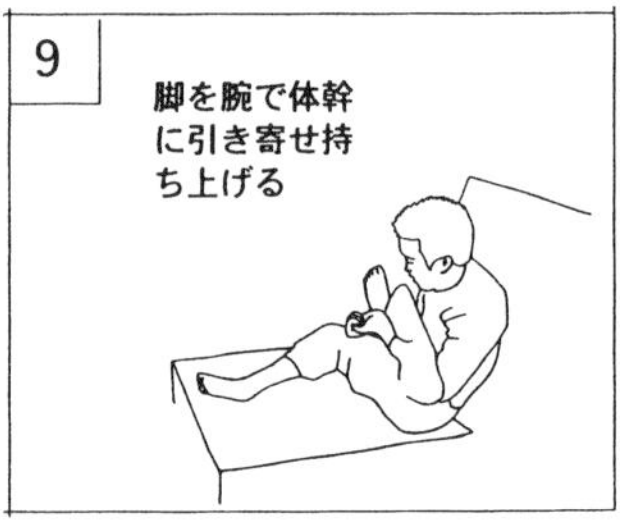
9
脚を腕で体幹に引き寄せ持ち上げる

運動転換によって停止するポイントを分節点として区分される。分節点によって区切られた運動単位は密に連続した行為の下位要素（下位行為）として定義される。次頁の図1－4は下位行為の一例である。右の系列では左手をのばし膝に接触するまで、左の系列では頭部と体幹をベッド上に倒すまでが一つの下位行為であり、運動の切れ目が行為の分節点となっている。対象者の可動部位は手・腕・体幹上部に限られていたので、運動の分節点は映像の観察からでも比較的容易に発見できるものであった。この分類によって、靴下はきは下位行為という微細な運動の組織体として扱える。

そして、各試行における下位行為の量的な比較を行った。図1－3では、下位行為の数を試行ごとに表している。

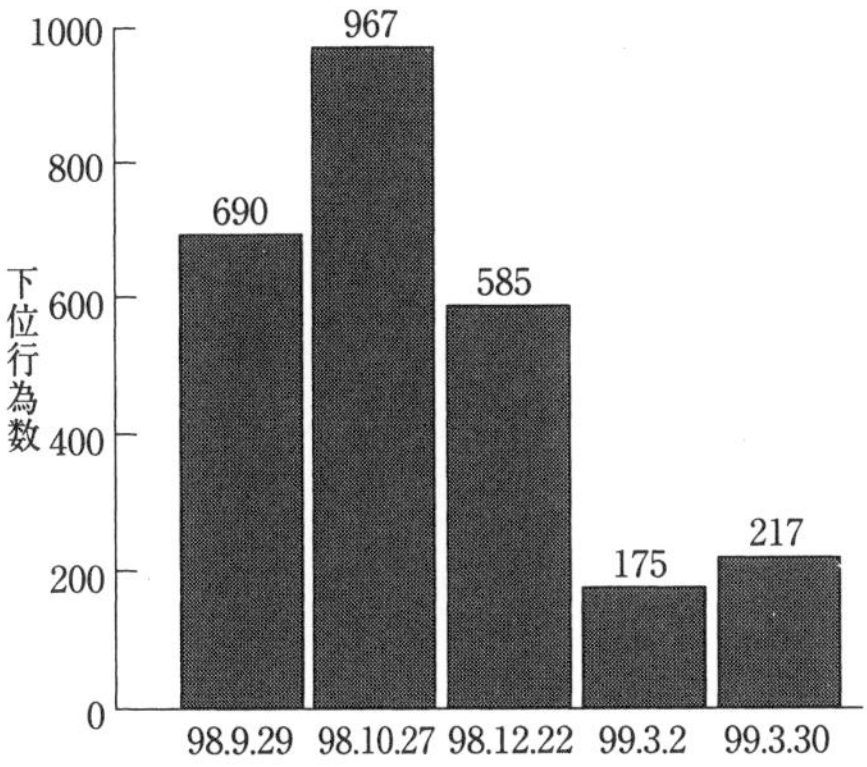

図1－3　下位行為数

まず目につくのは、下位行為の数の多さである。九月では六九〇もの運動を使い、一番多い十月では九六七もの運動がある。一番少ない三月二日のときでも一七五である。健常者の靴下はきの下位行為数を同じ基準で数え

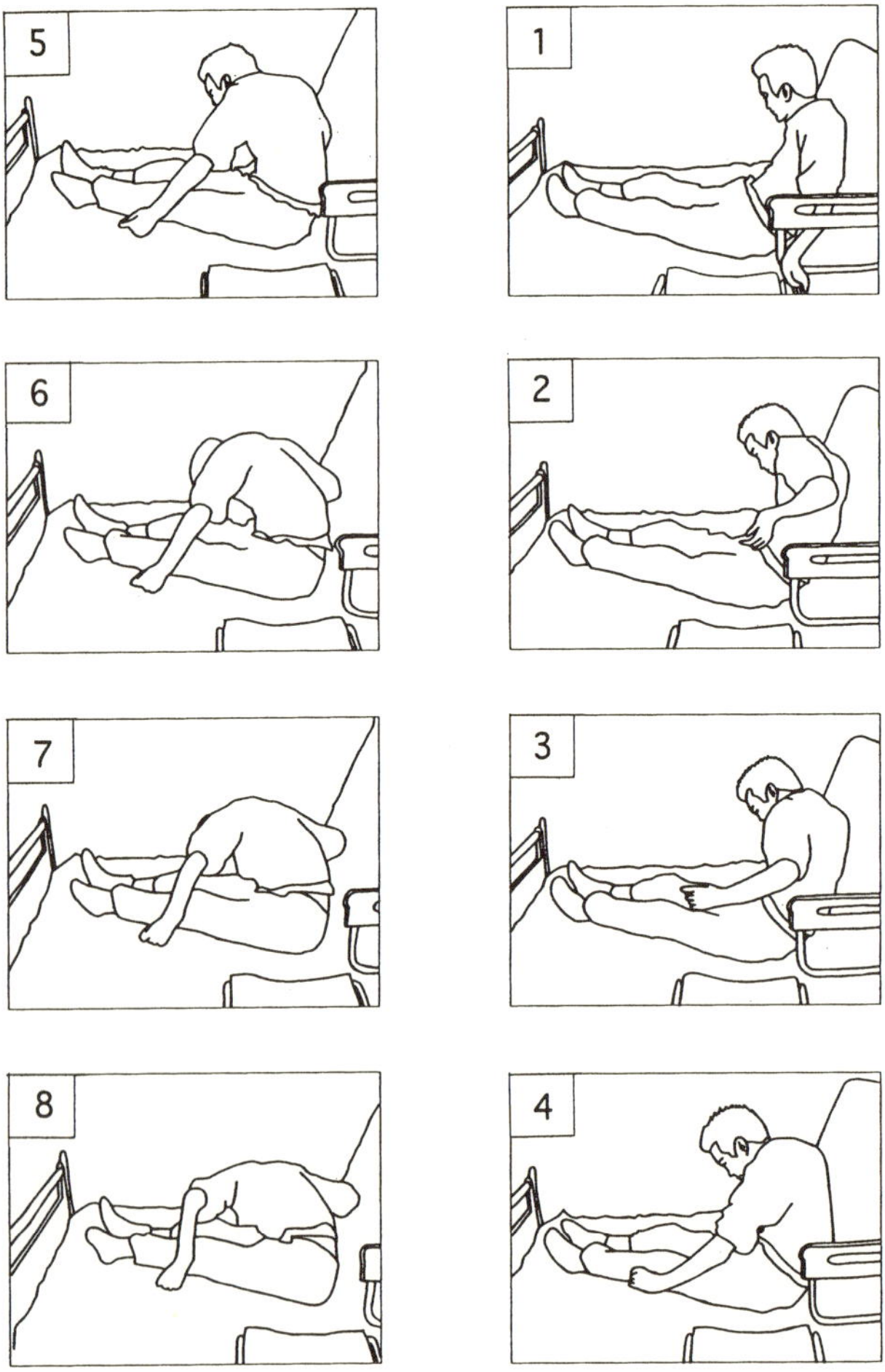

体幹を右ベッド面に倒す　　左手を柵から離し左膝に接触

図１－４　下位行為の例

てみると、成人でも子どもでもだいたい一〇から二〇のあいだぐらいにとどまる。それと比較してもとても多い数である。月毎の変化を見ると、時間データに現れた減少傾向は下位行為数には見られず、十月や三月三十日のように時間は減っているが逆に下位行為数は増えている試行がある。全体的には下位行為数は初回の三分の一以下にまで減少しているが、月毎の変化は一定ではない。

この結果から、量的なスケールでは測れない下位行為の質的な特徴、たとえばその組織化構造における何らかの変化が予想される。組織化とは、下位行為がゴールに至るプロセスの局所的、あるいは包括的な構造化・系列化である。対象者は下位行為をいかにゴールへ向けて配分していったのだろう。

行為の組織化構造を分析するために、靴下はきは四種のサブタスク――①支持姿勢の調整、②脚位置の調整、③靴下をつま先にはめる、④靴下を引き上げる――に分けられた。四つのサブタスクは、それぞれ靴下はきに不可欠な四つのサブゴールをもつ。そして、カウントされた全下位行為を四つのサブタスクに分類し、その継時的な出現を時間軸上に表した（図1－5）。

図中の淡色部分は二つ以上のタスクが同時に進行していることを、濃色部分は一つのタ

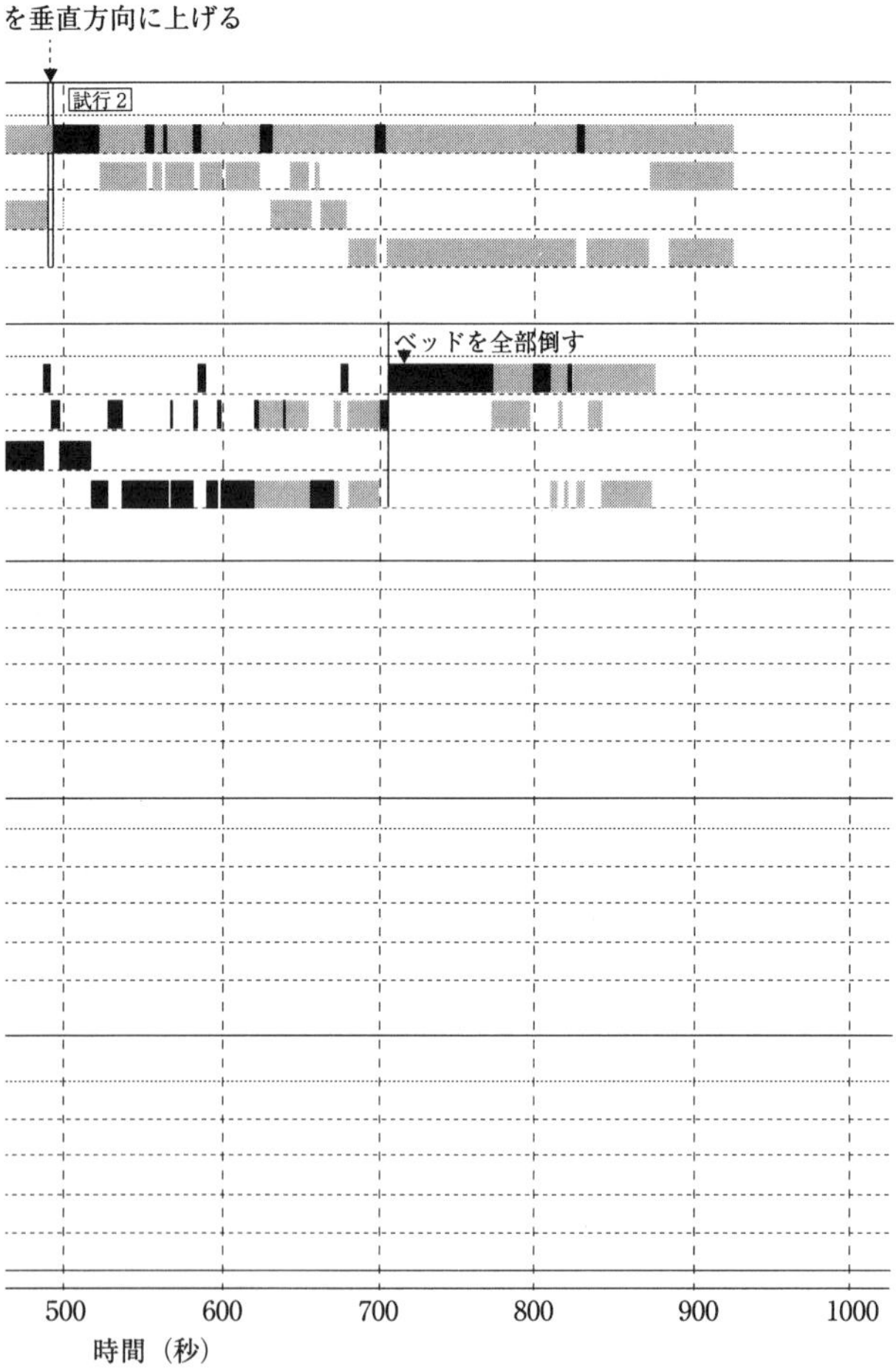

図１－５　靴下はき構造の発達

OTがベッド

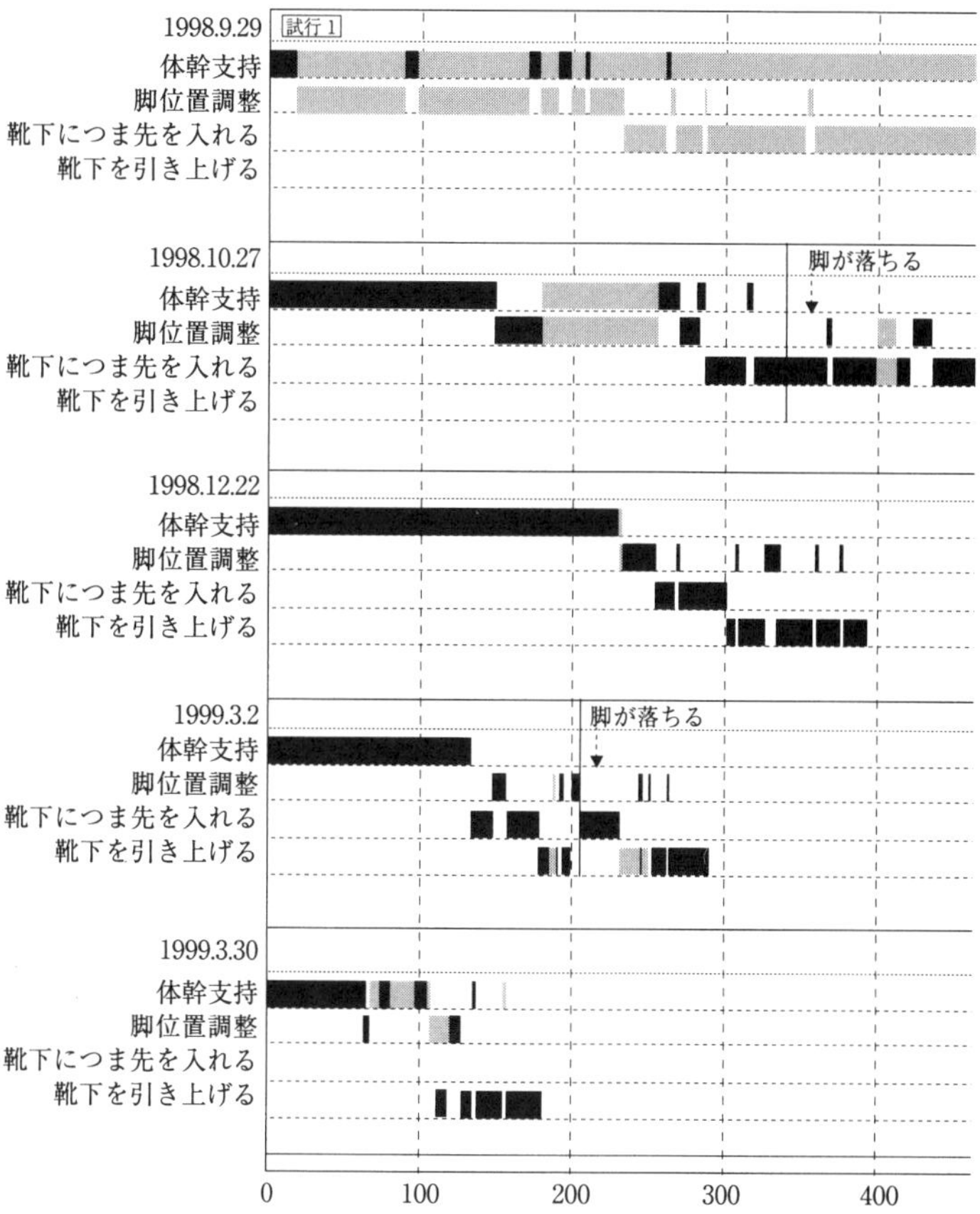
1998.9.29
試行 1
体幹支持
脚位置調整
靴下につま先を入れる
靴下を引き上げる
1998.10.27
脚が落ちる
体幹支持
脚位置調整
靴下につま先を入れる
靴下を引き上げる
1998.12.22
体幹支持
脚位置調整
靴下につま先を入れる
靴下を引き上げる
1999.3.2
脚が落ちる
体幹支持
脚位置調整
靴下につま先を入れる
靴下を引き上げる
1999.3.30
体幹支持
脚位置調整
靴下につま先を入れる
靴下を引き上げる
0
100
200
300
400

スクが独立して進行していることを示している。各試行の組織化構造はどのように推移しているだろうか。まず初回の九月では淡色部分が大半であり、特に「支持姿勢の調整」と他のサブタスクが同時に進行している部分が多い。十月になると、九月には見られなかった最初にベッドを上げて背もたれを作るという「支持姿勢の調整」の独立した進行が出現し、その後にタスク2から4を順番にこなしていくというそれ以降は変わらない手順が見られる。淡色の同時進行パターンは減っているが、まだ一部には残っている。しかし、十二月になると淡色部分はほとんどなく濃色部分が大半になり、タスク1―2―3―4という段階的な順序での進行パターンがいっそう際だっている。観察によれば、十二月にはそれ以前にあった目立った試行錯誤は見られず、靴下はきのスキルはほぼ獲得されていた。このころ、靴下はきの運動構造は完成したかに見える。しかし、組織化パターンは三月以降にふたたび乱れ始める。三月二日の試行ではタスク2の前にタスク3が突出しているが、ここはこの回から対象者が脚の操作にかかる前にあらかじめ靴下を把持しておく動作が現れているところである。また、三月三十日の試行ではふたたびタスク1―タスク2、タスク2―タスク3間の同時進行が現れているが、ここは脚を持ち上げるという運動の延長で靴下をつま先に入れているなどのように、単一の動作で二つのタスクを遂行している箇所である。このように、三月以降は各タスクを独立して使う段階的な構造が崩れ、各タスクが同時に解決されていく構造が使われている。

九月から三月にかけて、組織化構造は大きく変貌している。九月においては、初めての挑戦だったこともあり、各タスクはつねに同時進行で明確に分化していない。体幹支持と脚の位置がえと靴下の操作は同時に探られていた。それが十月以降、特に十二月にタスクがはっきり分化し、四つのサブゴールを一つ一つ解決して靴下はきを達成するという確実なプロセスがある。三月以降、この段階的な組織化パターンは崩れて、ふたたびタスク間の同時進行が現れる。今度は複数のゴールが同時に解決されていくという点で、九月の組織化構造よりも高次の分化「同時化」が生じている。靴下はきの発達は、半年のあいだに未分化→段階化→同時化（高次の分化）という三種の運動構造を経験した。

注目したいのは、「段階化」から「同時化」への推移である。初期の下位行為がごちゃまぜになった未分化な状態は、一つ一つのサブタスクを確実につなげていく段階化によって運動の機能的な統合がなされている。この時点でもう行為の運び方は十分洗練されている。しかし、その次に起こったのは、もっと性質の異なる統合である。「同時化」によって、行為プロセスは同時に複数のタスクゴールへと接続できるのであり、一つのタスクを遂行している途中でも次のゴールや最終ゴールが予期され、場合によっては他種の下位行為が挿入されたり、可能なら一気に解決へ向かうこともあるのだ。「同時化」は、「段階化」よりも柔軟な運動構造なのである。

時間の減少や下位行為数の減少は、このような文脈で生じた事態だった。あるサブタスク内の下位の運動パターンが次第に効率的な形へと収斂していったということはあるだろう。しかし、それだけではなくタスク間の多重の接続、多重の解決もまた重要な発達上の変化であった。靴下はきという運動を細かい系列に分けていくことが最初に得た組織化の方法であったが、それらの系列はやがて寄り合わされ、互いに浸透することによって「同時的な」協調構造を得た。こうした「同時化」は、健常者が意識せずに行っている靴下はきに共通する構造である。先に述べたように、この分析の対象者は重度の麻痺のためにつねに頭部－体幹が転倒する危険があり、その支持を確保しなければリーチングや両手による操作など姿勢制御に動揺をもたらす運動は行えなかった。そのため、最初は「段階化」というサブタスクの過渡によって靴下をはいていたのであろう。しかし、「同時化」の時期には脚の姿勢や体幹支持姿勢を維持したまま、腕や肩や頭を動かすことが部分的に可能になっている。言うまでもなく、健常者が同じ行為をするとき、姿勢を保ちながら同時に複数の運動制御を行っている。対象者であった頸髄損傷者は、こうした複数性、つまり「同時性」をもつ構造を発達させていったのである。

行為は複数の運動の入れ子構造という分岐路をもち、行為に関わる多様な情報に対して開かれている。頸髄損傷者の靴下はきの分析はその点をわずかながらも開示している。彼は何を知覚し、何を利用したのだろうか。つまり、彼は重度の麻痺という制約と靴下という対象物とベッド上という環境配置において、どんなアフォーダンスを検知していたのだろうか。

3　靴下はきのアフォーダンス

これまでのアフォーダンス研究では、主にある特定のアフォーダンス知覚が対象とされてきた。物に挟まれた隙間は通りぬけることをアフォードし、適切な段差の階段は上ることをアフォードするというように、単独のアフォーダンスが知覚でき利用できるタスクが準備され、実験的に検証するという研究が多い。こうした方法の利点は、あるアフォーダンスに関連したスケール（長さや速度など）を緻密に測定し、またそのアフォーダンスを利用する運動についても記録や分析が比較的容易であることだ。しかし、実際にわれわれが何かをしているとき、あるアフォーダンスが単独で存在することなどほとんどない。いたるところに物が散らかった部屋のなかを歩くとき、前に立ちはだかるのが大きな家具ならばそれを避けて通るだろうが、本だったら脇にどけて道をつくってもいいし、ガラスの破片や画鋲が散乱していたら踏んで怪我などしないように細心の注意を払うだろう。どのルートを通るか、どの行為をとるかはその場その場で多くの可能性から選ばれる。さらに、この移動自体も、たとえば熱いお茶の入ったティーカップを運ぶところなのか、暗くなったので電気のスイッチをつけに行くのかというもっと包括的な行為の流れによって変わる。空間的にも時間的にもアフォーダンスは複雑な分布をもち、その利用はさまざまな時間スケールで入れ子になった行為の流れに組み込まれている。ある場所に含まれるアフォーダンスは多種多様であるが、行為者はランダムにではなく確かな制約に基づいてそれらを選び出す。アフォーダンスという概念は本来こうした「選択」を含意したものである。靴下はきのような日常的なタスクの研究は、知覚条件を絞り込んだ実験的なタスクよりもより複雑な状況を伴う。だからこそ、豊富な選択の余地を残すプロセスとしてとらえていく必要がある。

しかし、それは一筋縄ではいかない作業でもある。行為者が今どんなアフォーダンスを探索し何を選んでいるのかを知るためには、選ばれたものだけでなく、選ばれなかった可能性、つまり選択肢の豊富さについても記述できなければ、行為のプロセスはあたかもその方向性が最初から決定されていたかのように見えてしまう危険性がある。もし、靴下はきの組織化構造が発達的に変わりうることを示されずに十二月の「段階化」のパターンだけを見せられたなら、その無駄のないエレガントな運動の運びだけが靴下はきの唯一の解であるかのように思えてしまうかもしれない。でも実際には、行為の先端では別の解へずれていく可能性がつねに侵入している。一回の靴下はきの運動は一通りのプロセスを示したが、その背後には多種のアフォーダンスに対する多岐の接続が生じていて、その制約下で選ばれた運動だけが目に見えるものとして露出する。

われわれが観察できるのは、結局この運動という知覚―行為システムの表層部分だけである。「選択」は、結局記述不可能なことなのだろうか。それとも何らかの形でアプローチできることなのだろうか。

リード（E.S.Reed）は、行為の記述に選択性や情報の多数性を取り込もうと試みた（Reed, 1988a, 1988b）。彼の構想した「行為システム理論」は、アフォーダンスの利用としての行為をいくつもの運動やいくつもの情報を基盤とするシステムとしてとらえ直そうとするものである。リードによれば、あらゆる行為の基盤になるのは「姿勢」と「運動」という二種の下位単位である。「姿勢」と「運動」という言葉はアフォーダンスとの接触と利用を表すキーワードとなっている。「姿勢」は複数の知覚システムによる持続的な環境の定位のことであるが、通常考えられているような静的な形態ではない。ただ立ちつづけているだけでも、そのときの「姿勢」は周りを探るために視覚や聴覚など複数の知覚システムを調節しているし、四肢や全身のバランスをとりつつ、転倒しないように自分の重みを支えつづけている。「姿勢」は重力・光・音などの複数の刺激エネルギーの変化にさらされながら、立っていられるように全身のサブシステムを調節しつづけている。そうと見えなくても、「姿勢」はダイナミックで持続的な達成なのである。一方「運動」は、食べ物を手に入れたり別の場所に移るなど、有機体－環境が現在結んでいる関係にはたらきかける「姿勢」変化である。一つの「運動」、たとえば歩いて移動するときには、歩行によって身体が揺れても転倒しないように、各知覚システムの定位は調節し直されていく。

運動のなかに姿勢があり、姿勢のなかに運動があるという入れ子構造があらゆる行為システムの基礎にある。

行為システムをこのようなものとしてとらえるとき、行為は一種の情報、一つのゴールによってだけ制御されているのではない。一回の行為が成立するまでには、複数のサブシステムの調節と協調が入り込む。そして、うまく環境にフィットする行為（たとえば、転ばないように歩ける）は、「姿勢」と「運動」がうまく入れ子化されているはずだ。たとえば、視覚システムのつくる「姿勢」と歩行の「運動」を考えてみると、静止状態から歩き始めると頭部が激しく揺れて周囲を観察しつづけることは難しいように思える。でも、実際には眼－頭部の揺れは下肢の揺れよりも小さくなるようにサブシステム間の調節がなされている（Reed, 1988a; Cappozzo, 1984）。つまり、ここでは周囲を見ることと歩くことが同時にできるように、「姿勢」と「運動」は「機能的に」入れ子化されている。

リードによれば、行為の入れ子は特定の機能性――タスクごとに異なる組織化の偏り――をもっている。そして、どんな行為にもユニークでベーシックな運動パターンがあって、それらは同種間なら個を越えて大体共通している運動のボキャブラリである（たとえば、人間の二足歩行）。こうした運動パターンが形成されてきたのには、あるリソースが利用できるユニークな運動が促進されるように行為が進化してきたという背景がある。固い殻で覆われた果実を糧にする動物は、中身を食するために殻を何らかの形で割ることへつながる運動を発達させるだろう。一回の運動が数回、数年と続くうち、リソースを利用できる種に固有の運動パターン（つまり、実のもつアフォーダンスにフィットする方法）が形成されていくかもしれない。さらに、もっと長い時間を経て嘴や上肢などの形質を変異させていくということもあるかもしれない。同じように、人間の移動システムは、場所に散らばる対象物や支持面、障害物に挟まれた通り抜けられる隙間などの特定のリソース使用があり、歩く・走るなどの二足歩行、はいはいなどの四足歩行、泳ぐ、乗り物に乗るなどのベーシックな運動パターンをもっている。ある行為システムに固有の運動は、それが初めから所与のものとしてあったというよりは、自然選択によって一定の「変異の幅」をもつのである。行為の機能性の成立には、まずこうした自然選択が関与している。

そしてまた、個体の一回ごとの行為にも同様のことがあてはまる。先述した歩行するときの視覚的探索の例では、移動システムと視覚システムが同時に制御され、単一の行為を生み出していた。日常生活では異種の行為システムが同時に生起しており、行為システム間の協調的統合が一貫した運動を破綻なく生み出している。靴下はきの最終的な組織化構造（同時化）を思い出そう。そこには、複数のサブタスクが同時に解決されていくプロセスがあった。特に、体幹支持という比較的持続的なサイクルと、脚や靴下の操作という短いサイクルが両立するとき、行為を支える明らかな機能性が見てとれる。運動の「変異の幅」は、こうした行為の「同時性」によっても制約されている。たとえ一回の行為であっても、一種の「選択」が起こりうるのである。

ある行為に自然に見つけられる「変異の幅」を発見すれば、一つながりの行為にどんなアクションシステムが入れ子化されているのかがわかる。こうした試みから機能的な行為の研究は開始できるのだとリードは言う。行為が「選択」されて何らかの機能的な偏りを受けたものだとするならば、あるタスクにおける運動の「変異の幅」を同定すればその偏り、つまり行為のリソースとしてのアフォーダンスを記述できるというわけだ。それはすなわち、行為のもつベーシックな運動が、多様性をもちつつも一定の制約条件をもつことを意味している。

靴下はきの例では、一つ一つの運動レベルではないが包括的なサブタスクのレベルにおいてこのような選択の跡が見られた。前節で指摘したように、サブタスクにおいては主要な動作パターンにいくつもの変種が出現しては選択されていくという傾向があった（図1

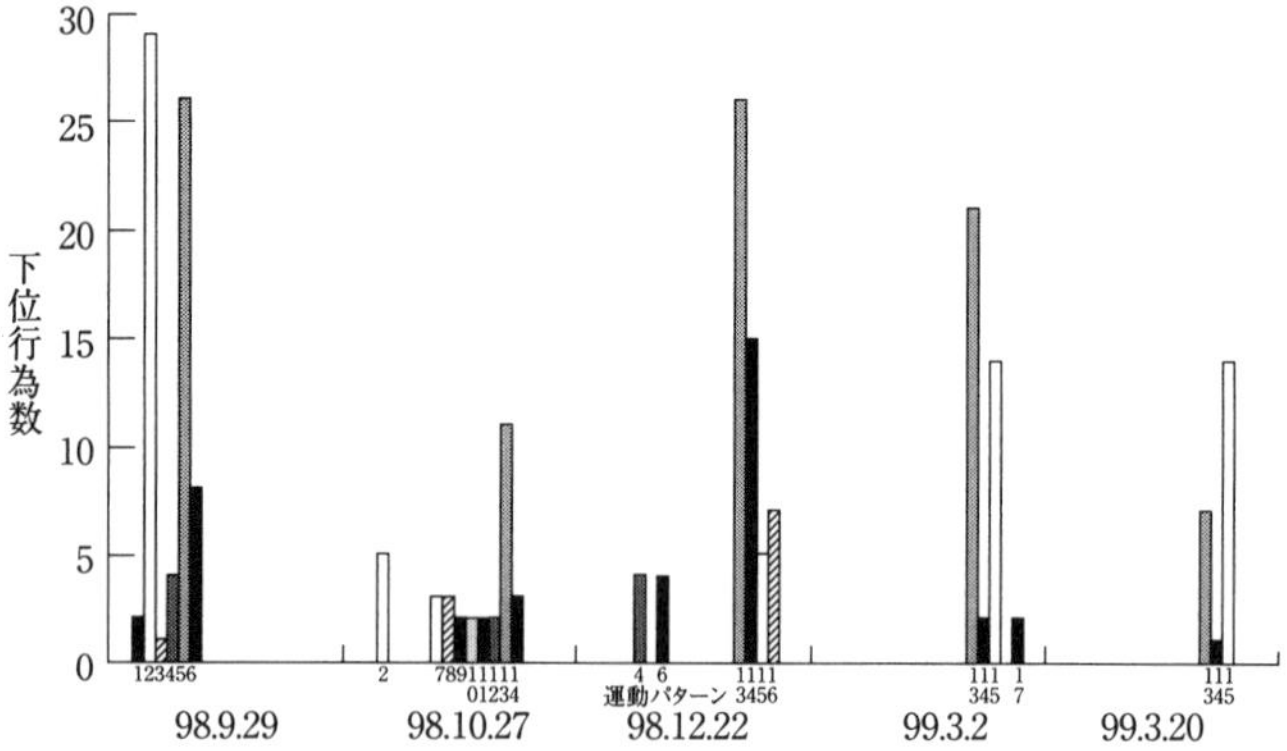

図１－６ａ　「靴下を引き上げる」運動パターンの分布

－２参照）。それは発達の途上で形成されていった「変異の幅」の一例である。変異の幅はだんだん狭くなっていった。確実な変種が探られやがて選び出されていったのである。別の例を取り上げて、そこでどんなことが探られていたのかについて考えてみよう。サブタスク「靴下を引き上げる」では、四つのサブタスク中もっとも多くの変種が出現している（図１－６ａ、１－６ｂ）。そして、特定パターンの選択はあるが比較的多くの変種が最後まで出現している。でもなぜ、こんなに多くの変種が使われていたのだろうか。

一つ一つの動作の変遷を見ていくと、変異にある種の傾向が見て取れる（図１－６ｂ）。１～５、11～12までの動作では、靴下をはかせる脚をベッド上に投げ出したまま体幹を前屈させ、体幹から

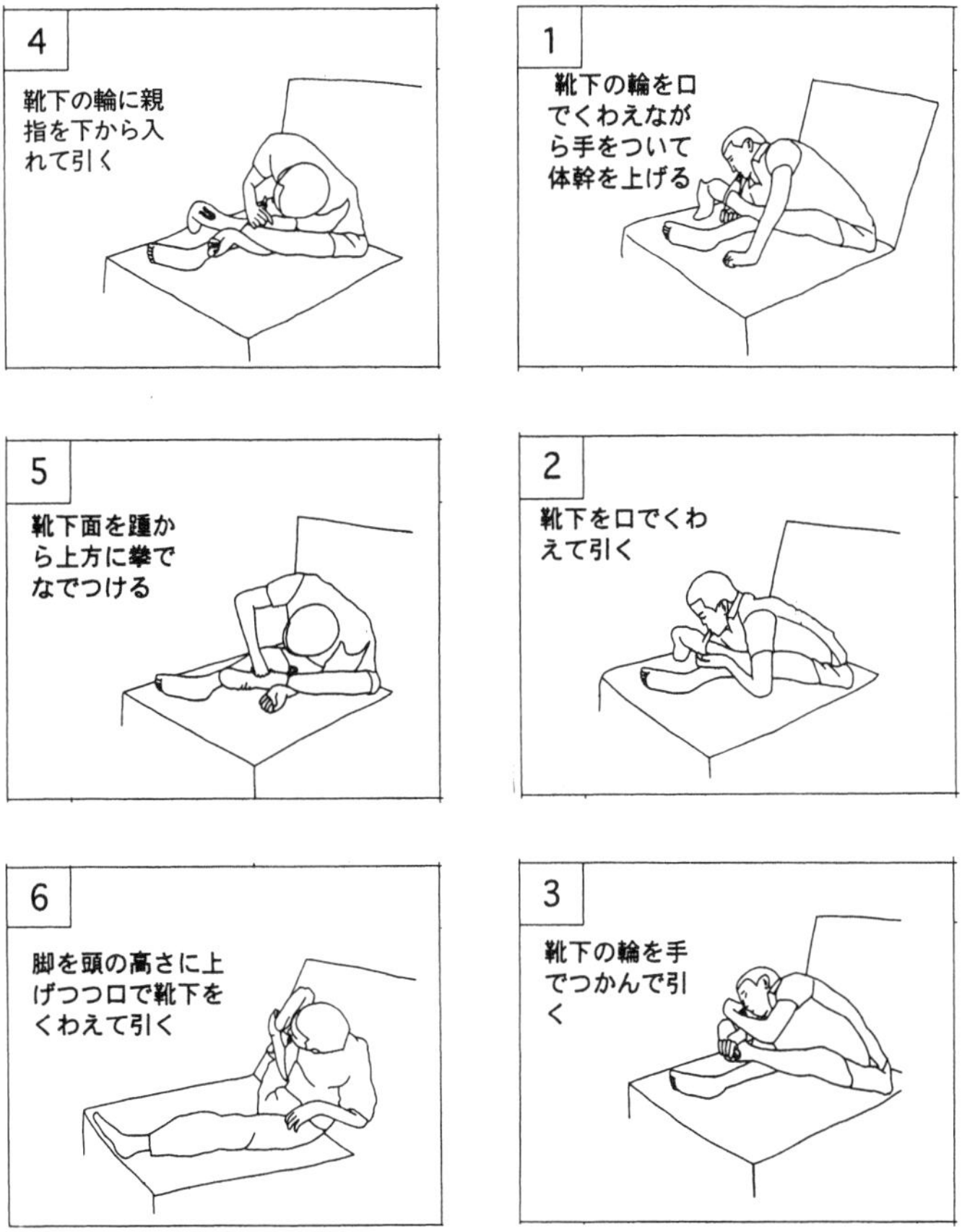

図１－６ｂ　「靴下を引き上げる」

7
膝を脇に抱えて固
定し、靴下端を手
でつかんで引く

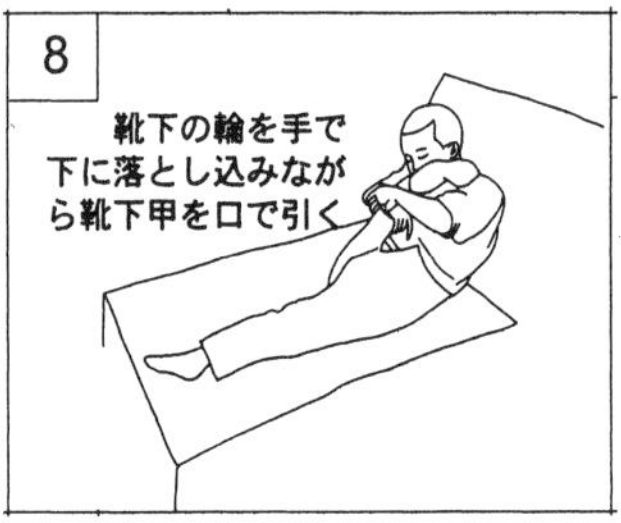
8
靴下の輪を手で
下に落とし込みなが
ら靴下甲を口で引く

9
靴下輪に手指
を通し、脚を
抱えつつ逆の
手指を輪にか
けて引く

10
腕で足を上げつ
つ靴下輪を口で
くわえて引く

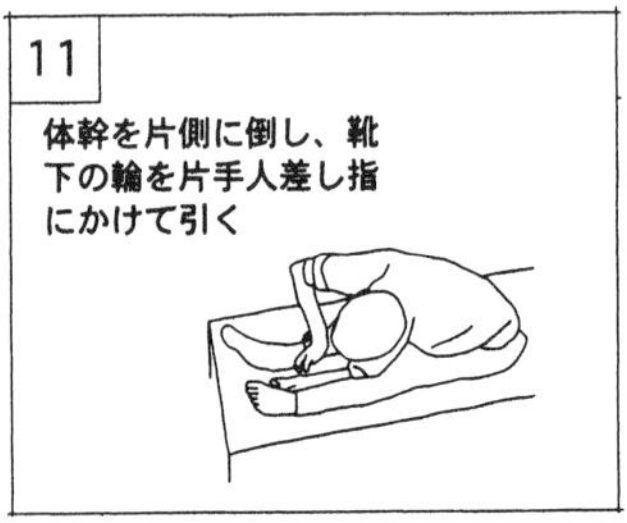
11
体幹を片側に倒し、靴
下の輪を片手人差し指
にかけて引く

12
脚をベッド面に伸
ばしたまま靴下の
輪を引く

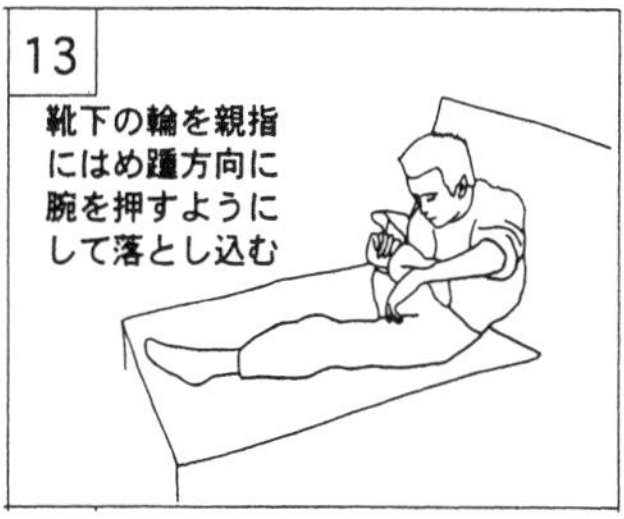
13
靴下の輪を親指
にはめ踵方向に
腕を押すように
して落とし込む

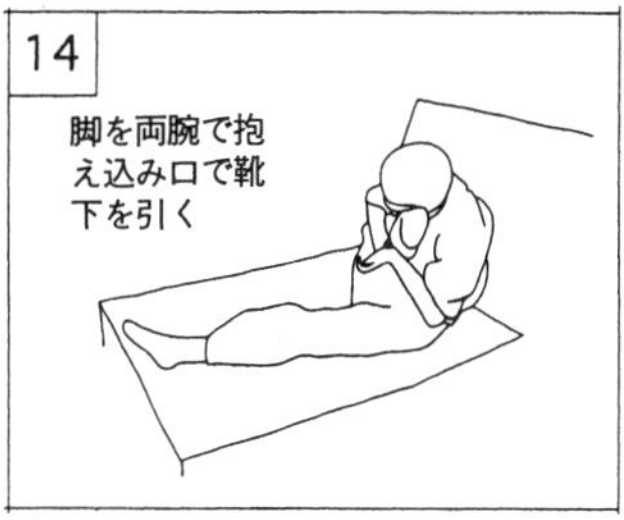
14
脚を両腕で抱
え込み口で靴
下を引く

15
靴下を口でくわ
えつつ、片手で
腿を押して脚を
靴下に入れ込む

16
靴下を手の平
で踵から上方
へなでる

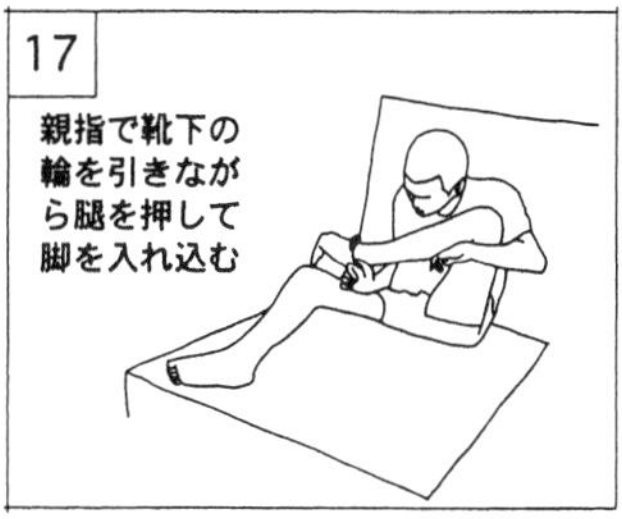
17
親指で靴下の
輪を引きなが
ら腿を押して
脚を入れ込む

比較的遠い位置で操作を行っている。操作に使っているのは、主に片手と口であり、落ちてくる頭部を一定の高さに保つためにもう一方の手で体幹を支えている。6〜10、13〜17では、ベッドを背もたれにして寄りかかって体幹を支持し、靴下をはかせるほうの脚は片手で持ち上げて足先は胸の前で保たれる。操作には口と片手が使われているが、ただ靴下を手や口で引っ張るだけでなく、脚の向きを腰を支点にして上下左右に変えている。さらに、15と17では、靴下と脚の操作を両手で同時に行うという運動の複合がある。前屈姿勢とベッドにもたれる姿勢では、明らかに生じる運動の変種が異なっていた。特に、ベッドにもたれる姿勢で脚の向き変化や両手による脚・靴下の操作が可能になっているのは、持続的に頭部－体幹を支持しつづけられるからだと考えられる。体幹の支持を確保し脚を上げたままにしておく姿勢づくりが、靴下はきの発達において大きな決め手となったことは間違いない。

体幹の支持や脚の構え方や靴下を引き上げるときの操作方法の変異が、「靴下を引き上げる」タスクに多様性をもたらしたのである。体幹支持や脚の位置は靴下はきのなかで比較的一定であるが、その下位では手や口による細かな変更が多く起こっている。手先や口の動きを見てみると、「靴下の入り口（輪）を引っ張る」「ひだをなでつけてのばす」「つま先の余った部分を口でくわえて引く」など、靴下の伸縮性を利用したものである。靴下に直接触れるこうした運動を体幹や脚位置がつくる姿勢が支えている。そして、姿勢や下位の運動に見られるこのような傾向は、靴下はきに固有のリソース（靴下や身体や支持面のもつアフォーダンス）によって「選択」されたものであり、変種のリストにはリソースが利用されていった履歴が示されている。

そこにあるすべてが、アフォーダンスの選択的な利用を指し示している。それはこんなふうに記述できる。すなわち、靴下はきには目や手から遠い足の先端へのリーチングが必要であるが、麻痺のために足先を近づけたり頭を近づけると身体のバランスが崩れてしまう。転倒を避けるために、支持の維持と手の遠隔操作が両立できるように行為をデザインしなければならない。一方で、靴下とは柔らかな織物でできた伸縮性のある素材であり、狭くて閉じた入り口をもっている。それを広げて足先に被せるには、両手（あるいは口）の自由で柔軟な動きを保ちつつ、麻痺した足を棒のように入れ込み、それでも体幹が倒れないようにするという複雑で持続的な制御が必要である。制御に必要な知覚情報（アフォーダンス）が探られ、それは運動となる。運動構造には「靴下はきに固有なアフォーダンス」が露出している。アフォーダンスの知覚は行為と共起している。

4 そして、発達へ

リードが行為システム理論でとらえようとしたのは、動物が行うありとあらゆることどもは鉄球がレールの上を転がっていくようなシンプルな過程なのではなくて、ひとつひとつはシンプルな下位要素が集まると途端に重なりやグループに組織化されていくという複雑な過程なのだということである。一度まとまった下位要素は分裂はしなくとも分化する、つまり新たなまとまりに統合されていく。靴下はきの発達では、未分化な下位行為群は段階化―同時化という分化をたどった。どちらの統合のしかたも機能的である。しかし、数か月のあいだに組織化はまったく別のかたちに変化した。同時期に、変種の多様性は狭まり安定した分布を得ていく。発達のある断面では行為のぶれは少なくなっているようだが、別の断面では相変わらず変化がある。それは一貫せずとらえどころがないように思える。発達において「選択」は行為の可能性を狭めていくだけではないようだ。

振り返れば、靴下はきの各試行はプロセスは異なりつつもすべて同一のゴールを達成できていた。初めてのときですら、そうであった。ゴールを達成できるようになるのが行為の発達なら、発達は最初の時点ですでに終わっている。でも、その後も着々と変化は起こりつづけた。こうした一見無秩序な変容の意味するものとは何か。

同じ行為を反復しているのに行為のプロセスは毎回異なっていく——この現象にこそ運動スキルの向上の根拠があると考えたのはベルンシュタイン（N.Bernstein）である（Bernstein, 1996; Reed & Bril, 1996）。「運動の学習は運動パターンの反復により特定の神経経路が確立されること」とする伝統的な運動制御論に替わって、ベルンシュタインは別の方向性を示した。すなわち、プロセスが同一になることが重要なのではなく、むしろ毎回変化するプロセスを「反復」することが、解決方法の変化や改善を行っている。スキルの向上とは、最初に会得した方法を多様な環境に適用できるようになることではなくて、環境に出会うたび方法を変えていけることなのである、と。

それは、「状況に応じた柔軟性」とでもいうべきことである。環境は変化に満ちていて、いつも同一のリソースが準備されているわけではない。照明が暗かったり、支持面がつるつるだったり濡れていたり、靴下がのびていたり、今日は調子が出なかったりなど、行為を妨げる要因はいくらでもあり、いつそれに直面するとも限らない。でも、いつもそれなりにこなせていれば、状況の変化は問題ではない。リードが指摘する運動の種類がある一定の幅をもつことも、実はこうした適応に関係がある。何かあったときに別の変種へぱっと切り替えていけることが必要な場面はいくらでもあり、そのとき解が複数あれば事はスムーズに運ぶのである。

行為が発達するとは、つねに目の前にある行為を取り巻くものへ開かれた構造をつくっていくことなのだろう。ゴールのある行為をしていても、その途上でなされる選択には「幅」がある。これが発達なら、発達には終わりがなくその先端にはいつも新奇なことが待ち受けている。

（宮本英美）

文献

Bernstein, N.A., On dexterity and its development, In Latash, M.L. & M.T.Turvey (Eds.), *Dexterity and its development*, LEA, 1996.

Cappozzo, A., Gait analysis methodology, *Journal of Human Movement Science*, 3, 27–50, 1984.

Reed, E.S., Applying the theory of action systems to the study of motor skills, In Meijer, O.G. & K.Roth (Eds.), *Complex movement behavior: The motor-action controversy*, North-Holland, 1988a.

Reed, E.S., Changing theories of postural development, In Woolacott, M. & A.Shumwaycook (Eds.), *The development of posture and gait across the lifespan*, Columbia, SC: University of South Carolina Press, 1988b.

Reed, E.S. & Brill, B., The primacy of action in development, In Latash, M.L. & M.T.Turvey (Eds.), *Dexterity and its development*, LEA, 1996.

宮本英美・小池琢也・佐々木正人・冨田昌夫・玉垣努・玉垣幹子・梅村文子・松本琢磨「頸髄損傷者の日常動作獲得における『同時的姿勢』の発達―靴下履きの縦断的観察―」『東京大学大学院教育学研究科紀要』第三九巻、一九九九。

II章

行為の推移に存在する淀み

——マイクロスリップ

行為は、多様に推移する。その流れに、マイクロスリップと呼ばれる微小な行為の欠片が小さな淀みを生じる。本章では、マイクロスリップの性質を手がかりとして、行為者が環境との持続的な接触を通して自らの行為を柔軟に調整している姿へと迫る。

1　小さな行為の推移にあること

行為の多様な推移

毎朝の歯磨きや食事のような日常ごくふつうの行為には、さまざまな対象や事象に向けた小さな行為の移り変わりを観察できる。たとえば食事をしているとき、ナイフで肉を切る↓フォークで肉をさして↓それを食べる↓フォークを置いて↓スプーンをもち↓スープをすくい↓スープを飲む、などのように一つかせいぜい二、三の対象を操作する小さな行為がつぎつぎと移り変わっていく。行動は、多様な小さな行為の移行を伴いながら組織化されている。一群の小さな行為の移行する道筋も一様ではなく、むしろ予測しがたいくらい多様なものである。食卓いっぱいに肉やサラダなどのいろいろな料理とスープやワインが並んでいる環境で食事をしているとしよう。そこで行為者が最初にすることは、好物の肉に手をのばすことかもしれない。グラスに手を伸ばしワインを一口飲むことかもしれない。もし以前と同じメニューがきっちりと同じ配置で並んでいたとしても、一回の食事中に繰り広げられる小さな行為の推移は、以前とまったく同じということはない。食事の進行とともに、同席する相手と会話をはずませている場合もあるだろう。それでも一連の行為は、「食事をする」ということを毎回形作っている。このような行為のもつ多様さと柔軟性は、私たちの生活行動の本質的な特徴と言える。

微小な行為の欠片

多様さと柔軟性を備えた行動にアプローチするために、行動に観察できるもう一つの特徴、すなわち行動の流れにある淀みに着目してみよう。実際に対象を操作する手の動きに注意して小さな行為の推移を観察すると、それらが必ずしもスムーズに進行せず、しばしば行動の流れの淀むような場面がある。淀む場面は、行為が停滞する場面でもあるが、それだけではない。食事中の手の動きを追ってみると、料理やパン、スプーンやフォーク、グラスなどをめぐって、手の向かう方向が急に変わったり、物にちょっと触るだけだったり、手の動きが急に止まったりすることがある。それらは、周囲にある対象のどれかに対していったん開始された小さな行為が、環境に効果的な変化を生じる前に修正されている様子である。通常、私たちはこのような中途修正されてしまう微小な行為の欠片を意識することはない。私たちが生活のなかではっきりと意識するのは、行為のスリップと呼ばれるような、そこでしようとしていることに対して明らかに不適切な行為をした場合であるが、行為のスリップは一行動のあいだに何回も起こることはごくまれである。

リードとショーエンヘル（Reed & Schoenherr,1992）は、大人が卓上にある材料を使ってインスタントコーヒーを作る場面を詳細に観察したところ、行為者が中途で修正される行為をしばしば行っていることを確認した。彼らは、この行為のスリップのミニチュア版のような現象をマイクロスリップと名付けた。

卓上の対象を操作する手の動きから観察できるマイクロスリップには、終端部の修正の形態によって図2－1のような四つのタイプがある。第一の「躊躇」タイプは、手の動きの微小な停止を含むマイクロスリップである。たとえば、卓上のペンに向かう手がペンに触れる直前にあたかもためらうようにわずかに停止する場合である。微小停止の後、ふたたびペンに向かいそれをつまむ場合もあるが、別の対象に向かう動きに変更されることもある。第二の「軌道の変化」タイプは、手の運動軌道の急速な変化を含むマイクロスリップである。たとえば、缶に向かう手の軌道が急に変化して近くにある別の缶に向かう場合である。第三の「接触」タイプは、対象への無意味な接触を含むマイクロスリップである。

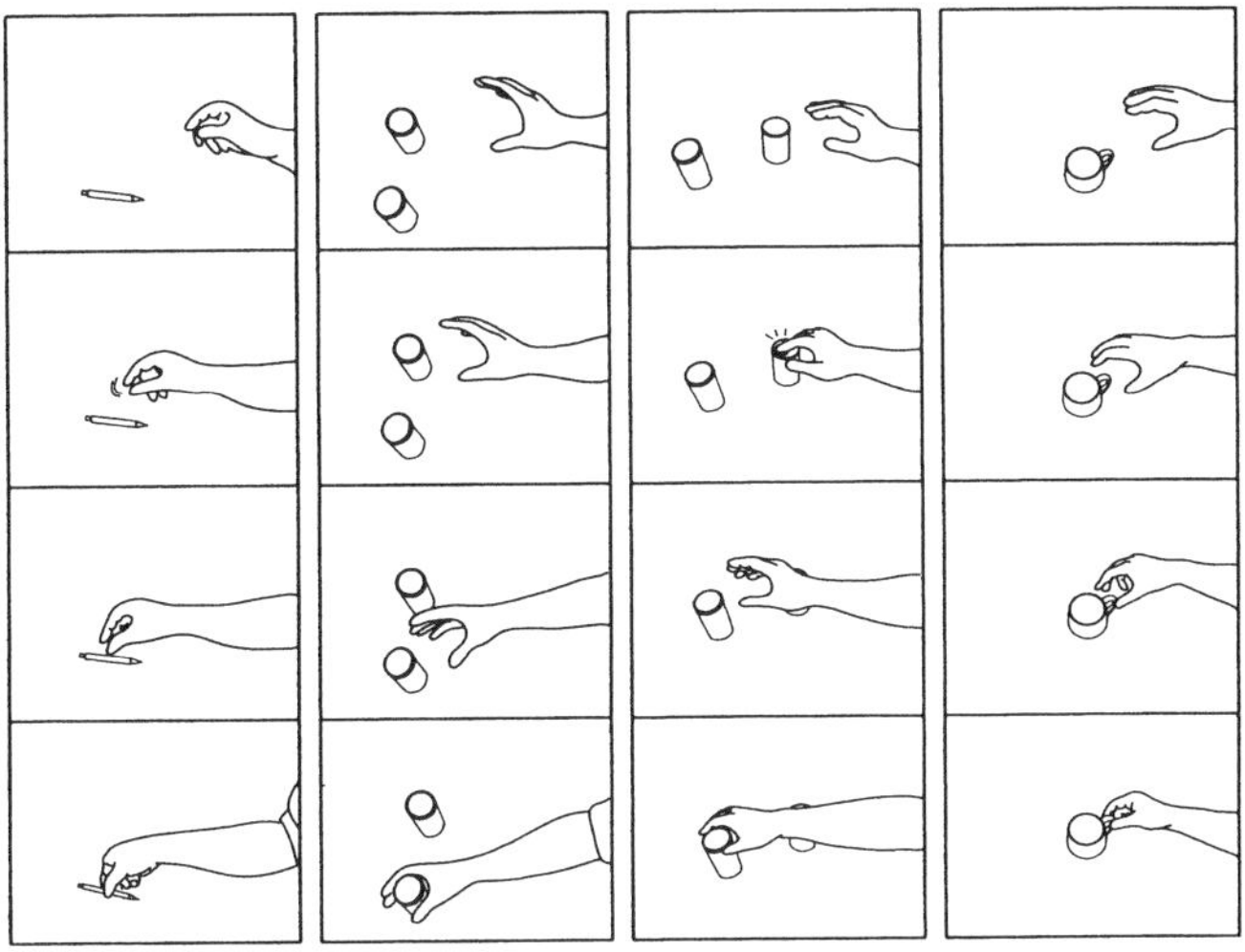

a．躊躇　b．軌道の変化　c．接触　d．手の形の変化

図2－1　4タイプのマイクロスリップ

たとえば、手前の缶にはちょっと触れただけで別の缶をつかむ場合である。第四の「手の形の変化」タイプは、手の機能的な形状の変化を含むマイクロスリップである。たとえば、手がカップに向かう途中でカップを上から鷲掴みにするような手の形状から把手をつかむのに適した閉じた形状に変化する場合である。リードらは、これら四タイプのいずれかとして明白に認められるマイクロスリップを実験によって調べた。まず最初に、卓上に固定した枠のなかにコーヒー粉や砂糖やカップなどの材料を配置し、複数の大学生がコーヒーを二杯作る場面を観察した。そ

して行為者が起こしたマイクロスリップを集計したところ、行為者は必要な材料だけが配置された条件でも平均二回以上、フォークや挽いていないコーヒー豆などの余計な対象を加えた場合にはおよそ五回ものマイクロスリップを起こしていた。

この報告によれば、私たちは、ふだんの行為のなかで完全な姿で現れない小さな行為を多数行っていることになる。マイクロスリップは、目標を柔軟に達成する行動について、偶然起こった行動のブレのような余計なこと以上のもっと重要な意味をもつ現象と言える。この現象に強い関心を抱いた筆者らのグループは、現在までマイクロスリップの性質を探求すべくいくつかの観察研究を進めてきた。本章では、それらの研究を通して徐々にわかってきたマイクロスリップの性質について紹介し、マイクロスリップの性質を手がかりとして、多様で柔軟な行為がどのように生成されるのかという問題にアプローチする。最後に、マイクロスリップの観点から、行為が環境のアフォーダンス知覚にガイドされていることについて検討する。

2　マイクロスリップの性質

タスク環境の複雑さ

筆者ら（鈴木・三嶋・佐々木、一九九七。佐々木・鈴木、一九九四）は、リードらと同様の手続きで大学生がコーヒー課題を遂行する場面を観察した。「クリームと砂糖を入れたものと、クリームだけを入れたものをそれぞれ一杯ずつ、計二杯のコーヒーを作る」ように指示された大学生に、以下のような四条件でこの課題を遂行してもらった。最初の二条件は、リードらの追試である。図2－2のように必要な材料のみが配置されている環境（単純条件）で課題を行った大学生一〇人は、課題遂行中にマイクロスリップを平均二・六回、一分あたり二回の頻度で起こした。さらに、図2－3のように米粒やコーヒーの豆粒、水の入ったポットなどのまぎらわしい材料を加えてタスク環境をより込み入ったものにした環境（複雑条件）で課題を行った大学生一〇人は、マイクロスリップを平均五・三回、一分あたり二・九回の頻度で起こし、単純条件の場合よりも多くなった。同じ課題で

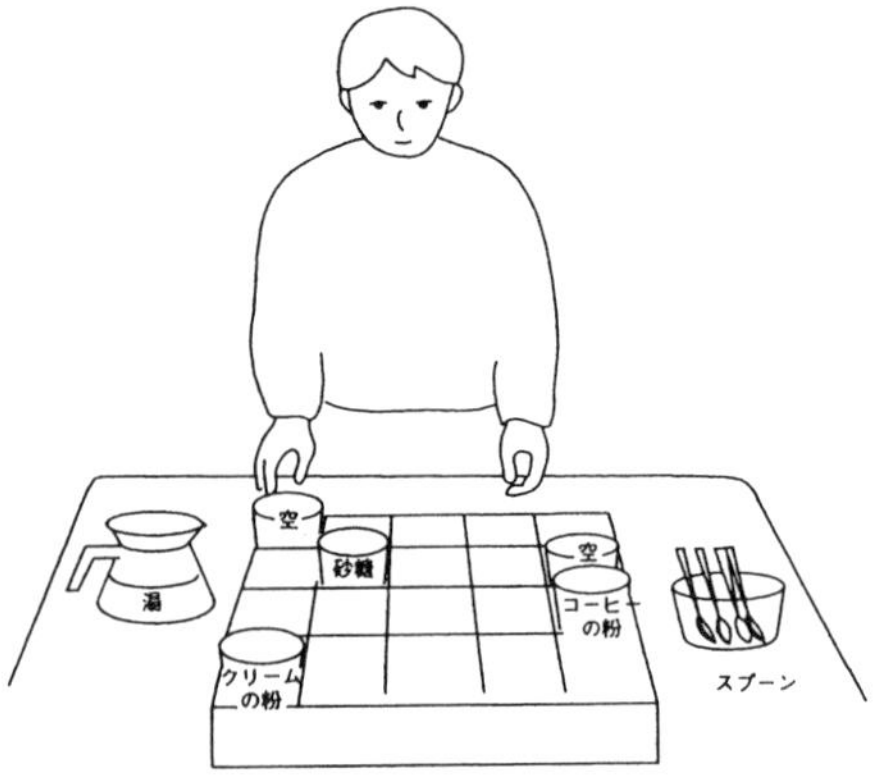

図２－２　コーヒー課題の環境（単純条件）

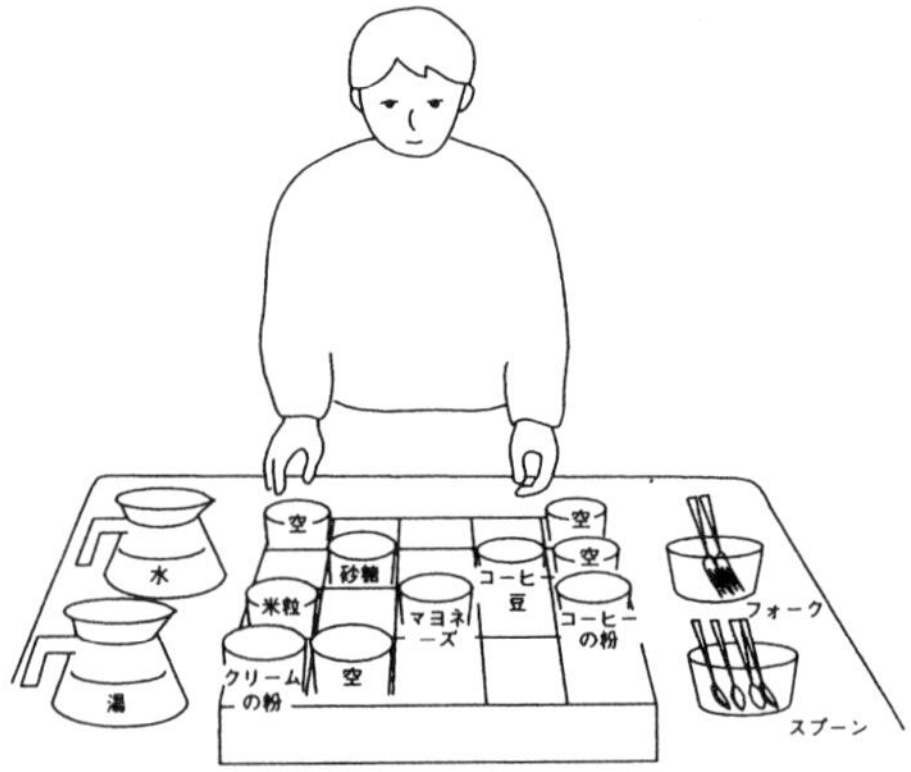

図２－３　コーヒー課題の環境（複雑条件）

も、単純なタスク環境でよりも複雑なタスク環境でマイクロスリップが多く起こる、つまり、マイクロスリップは、環境が複雑なほど起こりやすいのである。環境に多種雑多な対象が加われば、その環境で可能な行為も多彩になる。それゆえマイクロスリップの生起場面は、豊富な可能性との遭遇において行為選択がスムーズに成立しない場面を反映していると考えられる。

しかし、マイクロスリップは、単に環境の複雑さと関係しているのではない。同じ環境条件でも、マイクロスリップを起こりにくくすることができる。新たに設定した二条件は、

表２－１　各条件でのマイクロスリップの出現数

条件群	N	時間(sec.)	マイクロスリップ数	躊躇	軌道の変化	接触	手の形の変化	マイクロスリップ数/分
大学生(単純)	10	77.3(14.9)	2.6(1.7)	0.9	0.5	1.2	–	2.0(1.1)
大学生(複雑)	10	123.6(31.7)	5.3(2.5)	3.3	1.2	0.7	0.1	2.9(1.9)
大学生(セルフアレンジ)	10	153.4(44.2)	2.5(2.9)	1.7	0.5	0.4	–	0.9(0.9)
大学生(第1試行目)	10	122.5(35.2)	5.6(3.6)	3.8	1.3	0.6	–	2.8(1.9)
(第2試行目)		101.1(32.1)	2.0(1.6)	0.7	1.1	0.2	–	1.1(0.7)
(第3試行目)		88.5(30.9)	1.8(1.6)	1	0.5	0.4	–	1.3(1.1)

（　）内の数字はSDを表す

このことと関係している。複雑条件の環境を遂行しやすいような配置に変更して作業するように指示された（セルフアレンジ条件）大学生一〇人は、マイクロスリップを平均二・五回、一分あたり平均〇・九回の頻度で起こした。これは、先述の複雑条件の場合の半分以下である。特定のタスクのために環境を修正すれば、マイクロスリップは減少するのである。また、環境の配置を変更しなくても、同種のタスクの遂行を繰り返しているとマイクロスリップは起こりにくくなる。複雑条件で課題を三回繰り返した大学生一〇人は、マイクロスリップを一回目には平均五・六回起こしたが、二回目には平均二・〇回、三回目には平均一・八回とそれぞれ初回に比べて減少した（表2－1）。

行為選択を限定する

環境を修正することやタスクの遂行を繰り返し経験することによって、マイクロスリップとして観察される行為を中途修正する必要のある場面が少なくなる。環境の修正やタスクの繰り返しは、行為選択を限定する働きを強めている。行為の推移は、そのタスク環境で可能な行為選択の多様さとそれらを限定する働きとの均衡上に生じる。マイクロスリップは、その均衡が多様さに傾いた選択事態を反映していると言えるだろう。

これらの事実を、自分の部屋や仕事場など、私たちがふだん生活している環境について考えてみよう。生活環境にはコーヒー課題の環境よりも多くの事物がありもっと複雑である。その一方で、デスク上の物の配置を自分が作業しやすいように整えたり、食事しやすいように食器を卓上に配置したりするように、環境を修正することは普通にすることである。献立は異なってもいつもの台所で毎回料理するように、同様の環境で行為を繰り返している。対象の配置や場所の持続は、行為者が同種のタスクについて多様な行動による繰り返しを許容する。そして、環境の修正は、繰り返される行為のなかで行われるものである。ふだんの行為は、つねに多様な可能性と接し、マイクロスリップを伴いつつも、環境の配置や経験に支えられて当面の目標を達成するように進行するのである。

3　マイクロスリップと行為の発達

マイクロスリップは、ほとんどの行為者に観察できる現象である。大学生だけでなく、子どもや老人もマイクロスリップをしばしば起こす。小学校に通う子どもや七〇歳前後の老人にも複雑条件のコーヒー課題を行ってもらったところ、小学校低学年の子ども九人は、マイクロスリップを平均七・六回、高学年の子ども一二人は、平均七・三回起こした。一方、老人一〇人は、マイクロスリップを平均九・一回起こした。子どもと老人のデータを先述の大学生のデータとともに比較してみると、大学生の行為には「軌道の変化」タイプが少なく、老人では「接触」が多かった。このように行為者を世代に分けてみるとマイクロスリップの起こり方に質的な差異も観察される。

幼児の食事行動

乳幼児の行為にも、マイクロスリップを観察することができる。乳幼児の場合、コーヒー課題は適当ではないので、彼らの生活場面にビデオを持ち込んで観察することになる。二人の男児（T児とH児）の食事行動について、それぞれおよそ二歳から四歳までの五回の食事場面が調べられた（佐々木・鈴木・三嶋・篠原・半谷、一九九八）。図2－4は、二児のそれぞれ五回分の食事場面にある一シーンを描いたものである。それぞれの食事場面では傍らに母親がいて幼児の食事を促すように手をさしのべたり話かけたりと、種々の介入をしていた。幼児たちの行動の流れにはマイクロスリップほど明瞭に分類できない「微小な行為の淀み」が多数認められた。それらは、手が空間をさまようような動きや泳ぐような動き、手をふるわす動きなどである。これらの微小動作とともにマイクロスリッ

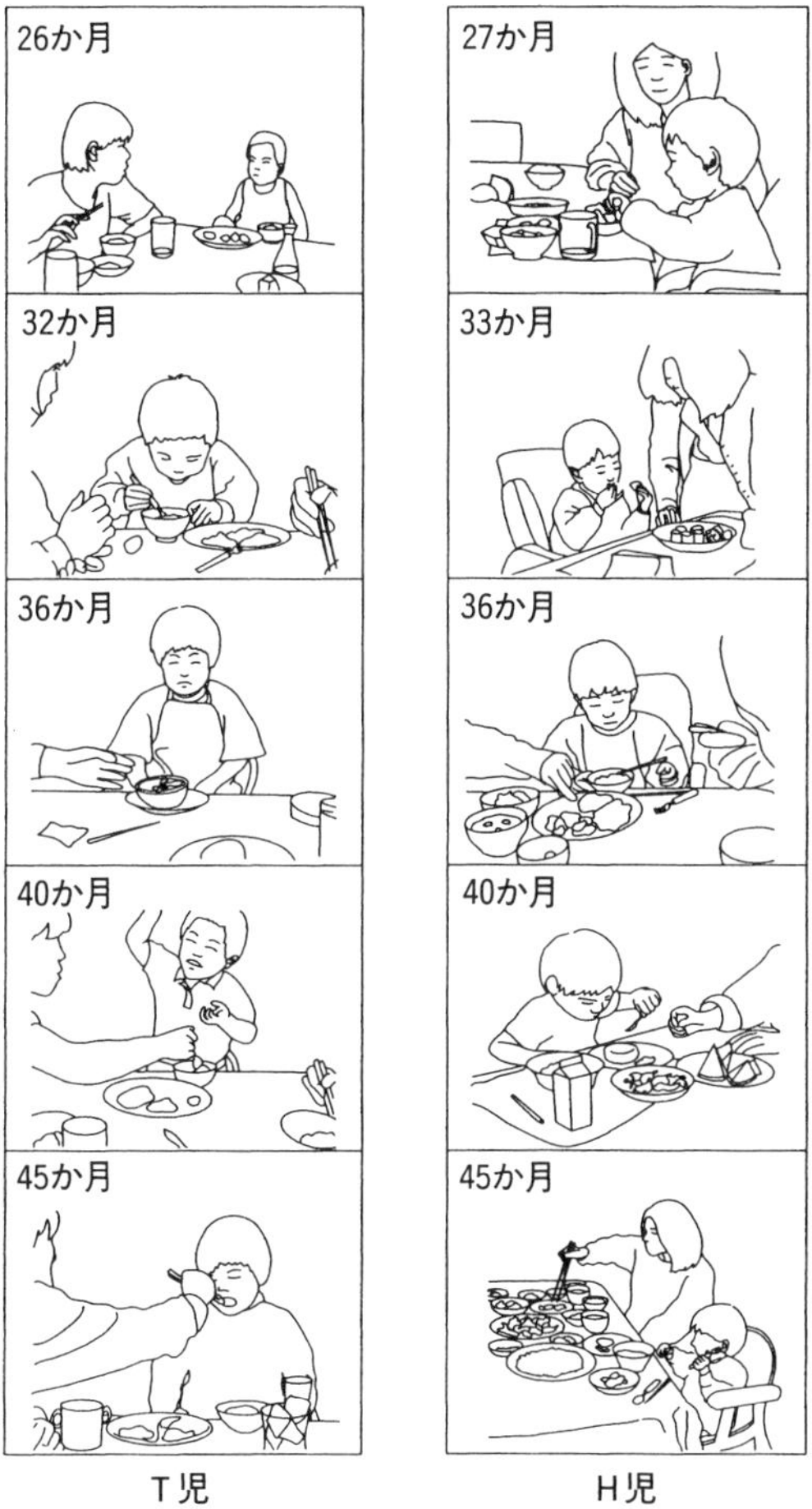

図2－4　幼児の食事シーン

プがしばしば起こっていた。T児は、五つの場面を通してマイクロスリップをおよそ一分間に一回前後の頻度で起こしていた。他の微小な淀みも多く見られた。H児もマイクロスリップや他のぎこちない動作を起こしはしたが、T児に比べてはるかに少なかった。H児は、マイクロスリップも他のぎこちない動作もわずかに起こしただけであった（表2－

表2－2　2幼児の起こしたマイクロスリップと他の微小な淀み

幼児	月齢	時間(秒)	マイクロスリップ						その他の微小な淀み	
			躊躇	軌道の変化	接触	手の形の変化	合計	1分毎	合計	1分毎
T児	26か月	385	1	0	0	0	1	0.16	6	0.94
	32か月	317	0	3	2	1	6	1.14	9	1.70
	36か月	455	3	8	2	2	15	1.98	12	1.58
	40か月	388	2	1	2	1	6	0.93	9	1.39
	45か月	568	0	2	2	0	4	0.42	26	2.75
H児	27か月	1020	0	0	0	0	0	0.00	1	0.06
	33か月	990	0	0	2	0	2	0.12	1	0.06
	36か月	870	0	2	0	0	2	0.14	2	0.14
	40か月	1215	0	0	1	0	1	0.05	1	0.05
	45か月	1165	0	2	0	0	2	0.10	1	0.05

2）。

能動的な選択

この二児で異なるマイクロスリップの起こり方は、各幼児の能動的な行為選択と密接な関連がある。そのことを検討する前に、まず幼児が自分の口に入れる食べ物の選択について見てみよう。口に入れる食べ物は、食事行動の流れのなかでつぎつぎと転換していく。卓上に並んだ食べ物には、味の濃いものと薄いもの、汁気の多いものと少ないもの、さまざまに味付けられたものがある。食べるものを転換させていくと、口中の食べ物は混りあいながらも多彩な味の変化を生じる。食べるものの転換は、食べ物を味わいつつ進行する食事にとって重要な出来事である。図2－5は、T児が二六か月時と四八か月時の食事中に食べたものの順序を示したものである。二六か月時には同じ食べ物に集中しがちな食べ方であったが、四八か月時には大人がするようなご飯とおかず（餃子やとうふ）を交互に食べるパターンが見られる。

このような食べるものの転換は必ずしも幼児自身の行為から始まらない。隣にいる母親の介入が主導的役割を果たす場面がしばしばある。この点に関して、二児の行動には大き

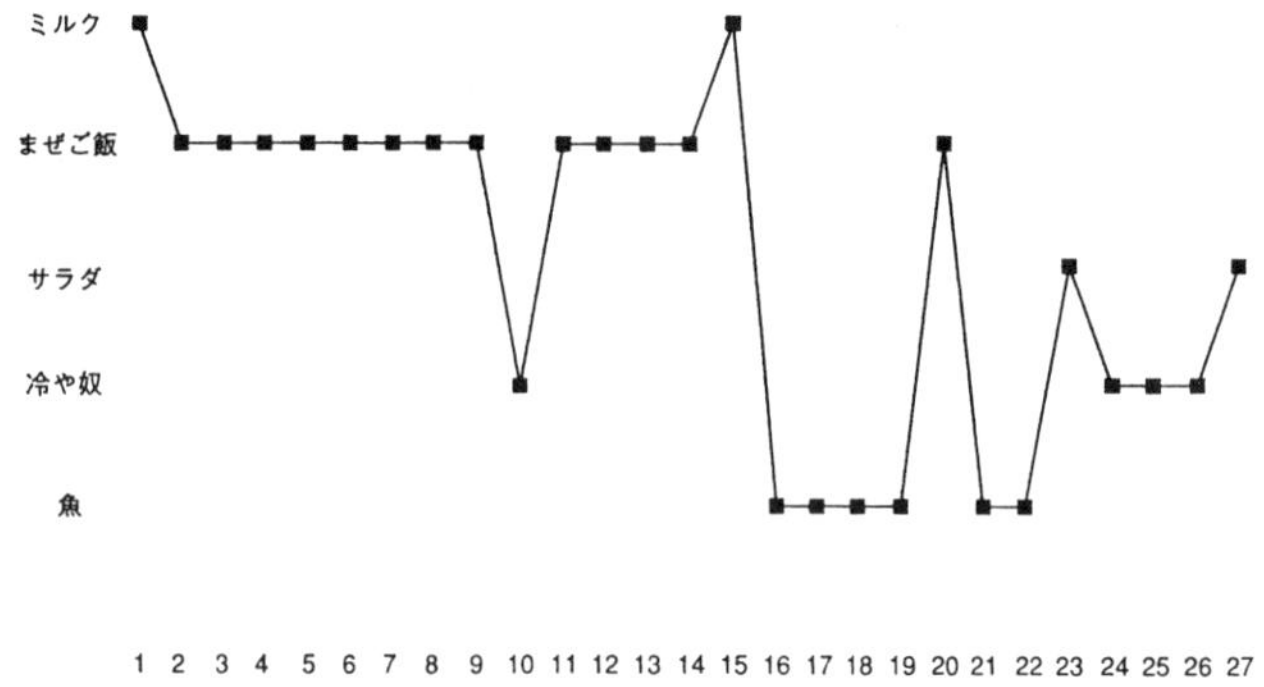

26か月時

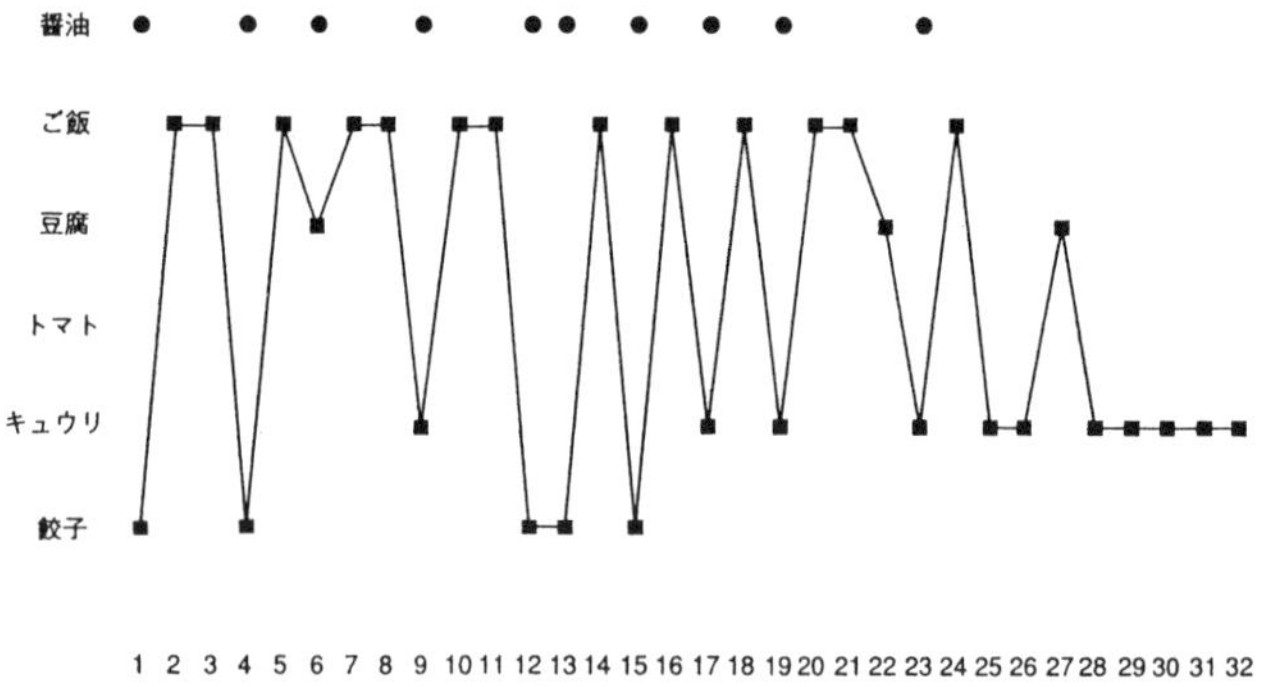

48か月時

図2－5　食べるものの転換パターン
T児の26か月時の食事（上段）と48か月時の食事（下段）

な相違があった。T児は自分で食べ物を選択することが大半であり、T児自身によって行われた食べ物の転換は、五つの場面を通して一分間に一回以上あった。それとは対照的に、H児の場合、母親が口元に食べ物をもっていったり話かけながら次に食べるものを勧めることが多く、彼自身が食べ物を選択するのと同じくらいあった。H児自身によって行われた食べるものの転換は、もっとも多い月でも二分間に一回にもみたなかった。H児は、行為の多くの部分をさまざまな仕方で食事に介入する母親と協調して進めていたのである。

養育者は散漫な幼児の注意を引き付け、おぼつかない行為に直接介入して方向付けている。しかし、少なくともまだ独力で食事をするにはおぼつかない幼児でも、食卓の配置や母親の介入に支えられながらも、多様な行為の可能性と遭遇し自ら行為を選択している。その行為は、マイクロスリップやぎこちない手の動きを伴いつつ進行する。明瞭な対象操作の姿をとらないこれらの活動も、少なくとも食卓にある一群の対象に向けて行われている。このような幼児のもちあわせた行動レパートリーと食事環境との接触が、日々の食事のなかで多彩な内容とともに繰り返される。行為発達の基礎には、行為者の多様な行動レパートリーで環境と接触しつづけているという事実がある。

4　行動の分節とマイクロスリップ

入れ子の分節

行動には、小さな分節がある。歯を磨いている場面を観察してみると、歯磨き行為は洗面の前で始まり歯を磨き終えるまでの持続をもった事象のようなものである。この持続のなかに、ブラシにペーストをつける、コップに水を注ぐなどのより短い持続が分節を生じる。その一方で歯磨き行為は、出かけるための朝の一連の支度という行動の流れのなかに埋め込まれた分節にもなっている。異なる時空間的スケールの分節のそれぞれが、環境の効果的な変形を生じる。行為とは、このような機能的な分節に組織されている行動である。E・J・ギブソン（Gibson, 1997）は、この入れ子になった分節のことを「タスク」と呼んでいる。コーヒー課題の場合も、入れ子になった下位のタスクがある。クリームと砂糖の入ったコーヒーを作るためには、

コーヒー粉を入れること
砂糖を加えること
クリーム粉を加えること
カップに湯を注ぐこと
カップの中身をよくかき混ぜること

といった下位タスクのゴールを達成する必要がある。さらに、それぞれの下位タスクのゴールを達成するために、たとえば「砂糖を加える」場合、

砂糖の容器をもつ
スプーンをもつ
スプーンで砂糖をすくう
砂糖をカップに入れる
砂糖の容器をもとの場所にもどす

のような個々の対象を操作する小さなタスクを遂行する必要がある。小さな行為が下位タスクのゴールを達成するように集まって、行為のなかに大きな分節を作っている。

シュワルツらは、行為者によって引き起こされた事象を入れ子状のタスクに対応した単位で記述する方法を考案している(Schwartz, Reed, Montgomery, Palmer, & Mayer, 1991)。その方法では、「蛇口を閉める」、「ふたを開ける」などの対象の状態の変化や対象の移動として同定される環境の機能的な変形を一つだけ含んだ事象を基本的な行為の記述単位とし、それらを「A-1」と呼ぶ。「もつ」、「すくう」、「注ぐ」などの小さな行為として観察できる出来事は、これに当たる。「砂糖を加える」ような下位タスクのゴールの達成までに、複数のA-1が貢献する。同じ下位タスクに貢献するA-1をグループ化して、そのまとまりを「A-2」と呼ぶ。

このコーディング方法によって、行為を時空間スケールの異なる多重な活動として記述することができる。A-1とA-2は、観察可能な事象としてとらえた行為のユニットであり、両者の持続スケールは相互に異なる。A-2は、同時に生じるA-1の持続よりも長く、より多くの対象が関与する。この点が、次以降に述べるマイクロスリップの分析のキーとなる。

マイクロスリップの生起場面

筆者ら（一九九七）は、シュワルツらの方法を行動の分析に取り入れ、マイクロスリップが下位タスクという分節のどこに起こっているかを調べた。まず先述のコーヒー課題を遂行した子ども・大学生・老人から、マイクロスリップを多数記録した行為者八人を選び、彼らがコーヒー課題を遂行する過程を、A－1とA－2として記述した。次にこの記述にマイクロスリップが記録されたところを重ねてみた。図2－6は、マイクロスリップを一回記録した大学生の行為の途中部分の記述である。この図中では、マイクロスリップが三か所で起こっている。最初は、「コーヒーの粉を入れる」（A－2）中でコーヒー粉をカップに入れた（A－1）後、スプーンをもった手がクリーム容器に向かう途中で急に停止し（躊躇タイプ）、コーヒー容器に向かいコーヒー粉をすくった（A－1）場面である。次は、マイクロスリップが連続して三回起こっている。コーヒー粉をカップに入れた（A－1）後、スプーンをもつ手がコーヒー容器へと向かう途中で急に停止し（躊躇タイプ）、ふたたびコーヒー容器に向かう手の軌道はクリーム容器のほうへと変化し（軌道の変化）、ついにはクリームの粉をすくうことを開始する直前に急に停止し（躊躇タイプ）、ついにはクリームの粉をすくった（A－1）場面である。このようにマイクロスリップが連続して起こる

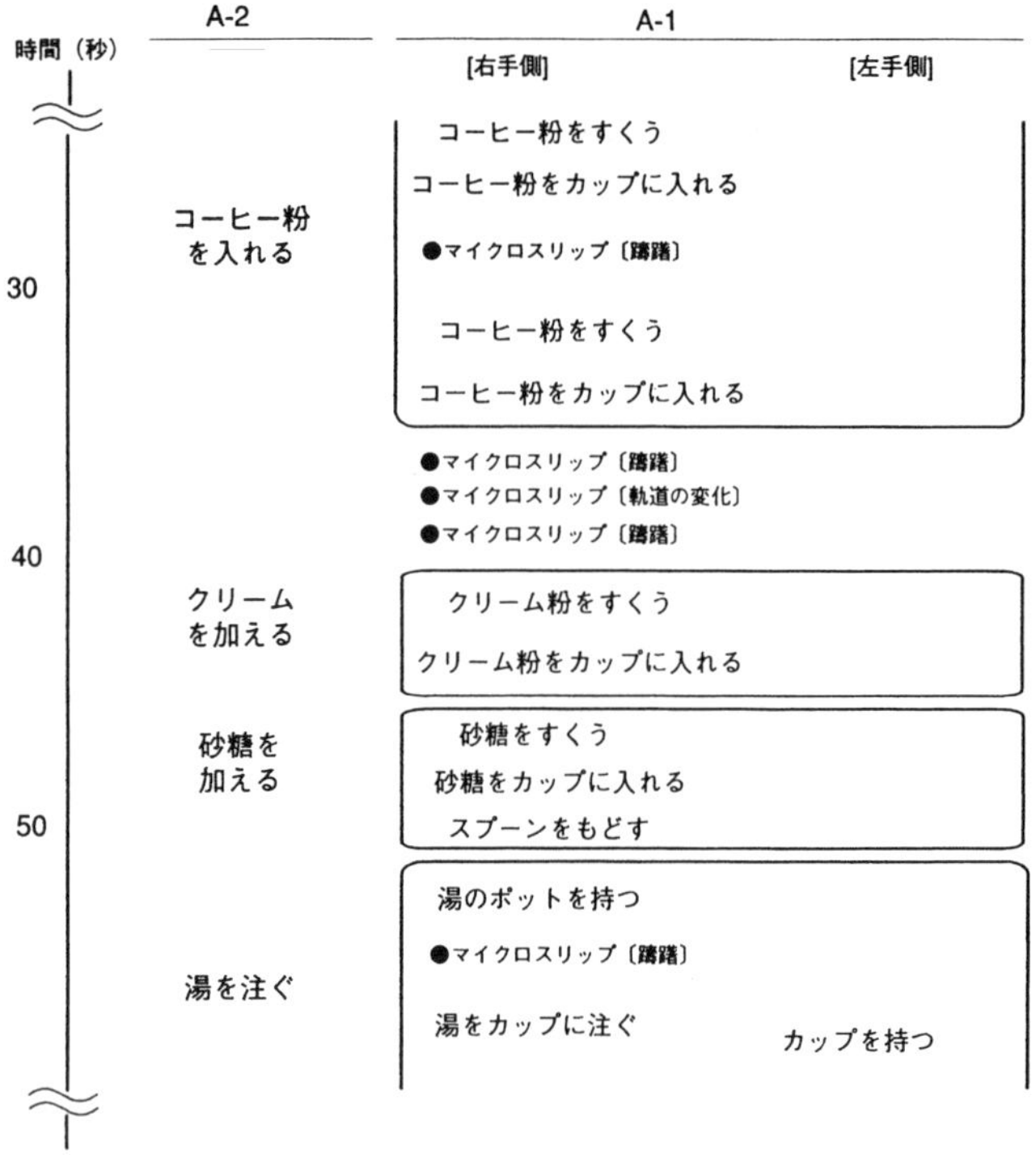
A-2
A-1
時間（秒）
[右手側]
[左手側]
コーヒー粉をすくう
コーヒー粉をカップに入れる
コーヒー粉
を入れる
●マイクロスリップ〔躊躇〕
30
コーヒー粉をすくう
コーヒー粉をカップに入れる
●マイクロスリップ〔躊躇〕
●マイクロスリップ〔軌道の変化〕
●マイクロスリップ〔躊躇〕
40
クリーム
を加える
クリーム粉をすくう
クリーム粉をカップに入れる
砂糖を
加える
砂糖をすくう
砂糖をカップに入れる
50
スプーンをもどす
湯のポットを持つ
●マイクロスリップ〔躊躇〕
湯を注ぐ
湯をカップに注ぐ
カップを持つ

図2－6　記述された行為とマイクロスリップ

場合もしばしば観察される。最後は、「湯を注ぐ」（A－2）中で、湯の入ったポットをもって（A－1）、カップのほうにポットを傾けていく途中で急停止し（躊躇タイプ）、すぐにその動きを再開しカップに湯を注いだ（A－1）場面である。

連続した三回のマイクロスリップは、前のA－2と次のA－2のあいだで起こっていた。このようなA－2の移行場面でマイクロスリップが多く起こっていた。八人の行為者に記録されたマイクロスリップは、それぞれ一五回中の八回、七回中の六回、一二回中の三回、七回中の五回、一一回中の三回、五回中の二回、一八回中の一二回、九回中の四回がA－2の移行場面に起こっていた。行為の進行過程ではA－2の内部でA－1が推移している場面のほうが多いことを考えると、マイクロスリップがA－2の移行場面に非常に偏って起こっていることがわかる。この事実は、マイクロスリップが、一つの下位タスクに関して小さな行為が推移しているときよりも、下位タスクが次の下位タスクへと移る場面で起こりやすいことを強く予想される。

下位タスクの移行場面

筆者ら（鈴木・佐々木、二〇〇一）は、図2－7のように材料が配置された環境でトレ

図2－7　飲み物とクッキーの課題環境

イ上に好みの飲み物とクッキーを用意するという新たな課題を用いて、下位タスクの移行場面を調べた。この課題は、自由な対象の選択と多様な達成結果を許容する点で、コーヒー課題に比べてふだんの食事などの生活タスクにより近いものである。あらかじめ用意された卓上のコーヒーや紅茶の材料や四種類のクッキーは、ある程度課題の遂行を促す配置になっている。この課題を遂行した二九人の大人の男女の行動が調べられた。

　図2－8の記述は、ある行為者が課題を遂行する過程で、A－2が「コーヒー粉を入れる」→「湯を注ぐ」→「かき混ぜる」→「クッキーを皿に盛る」と推移している場面である。この課題を遂行した行為者は、平均して

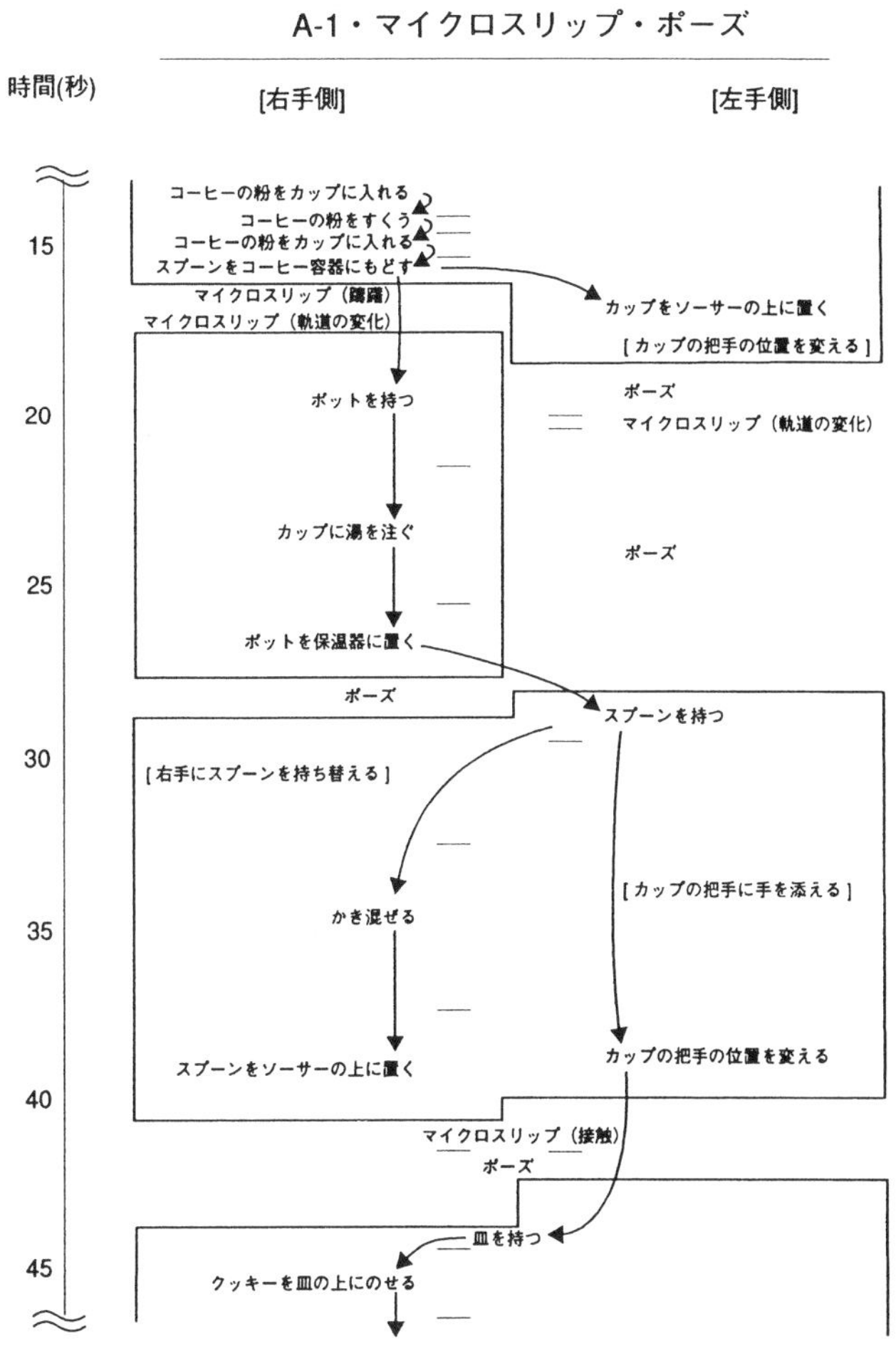
A-1・マイクロスリップ・ポーズ
時間(秒)
[右手側]
[左手側]
15
20
25
30
35
40
45
コーヒーの粉をカップに入れる
コーヒーの粉をすくう
コーヒーの粉をカップに入れる
スプーンをコーヒー容器にもどす
マイクロスリップ（躊躇）
マイクロスリップ（軌道の変化）
カップをソーサーの上に置く
[カップの把手の位置を変える]
ポーズ
ポットを持つ
マイクロスリップ（軌道の変化）
カップに湯を注ぐ
ポーズ
ポットを保温器に置く
ポーズ
スプーンを持つ
[右手にスプーンを持ち替える]
[カップの把手に手を添える]
かき混ぜる
スプーンをソーサーの上に置く
カップの把手の位置を変える
マイクロスリップ（接触）
ポーズ
皿を持つ
クッキーを皿の上にのせる

図２－８　記述された行為の進行過程

およそ三三個の小さな行為（A－1）を行うなかで、マイクロスリップを五・〇回起こしていた。それらのマイクロスリップは、小さな行為の移行場面（図2－8中の矢印部分）で起こっている。小さな行為の移行場面のうち、およそ八回に一回の場面でマイクロスリップが起こっていた。

小さな行為（A－1）の移行場面は、図2－9のように、下位タスク（A－2）の推移の点から二つの場面に分類することができる。一つは、A－2の内部で進行するA－1の移行場面（図中の①）である。もう一つは、A－2の終端と続くA－2の開始のあいだで進行するA－1の移行場面（図中の②）である。マイクロスリップは、A－2内部のA－

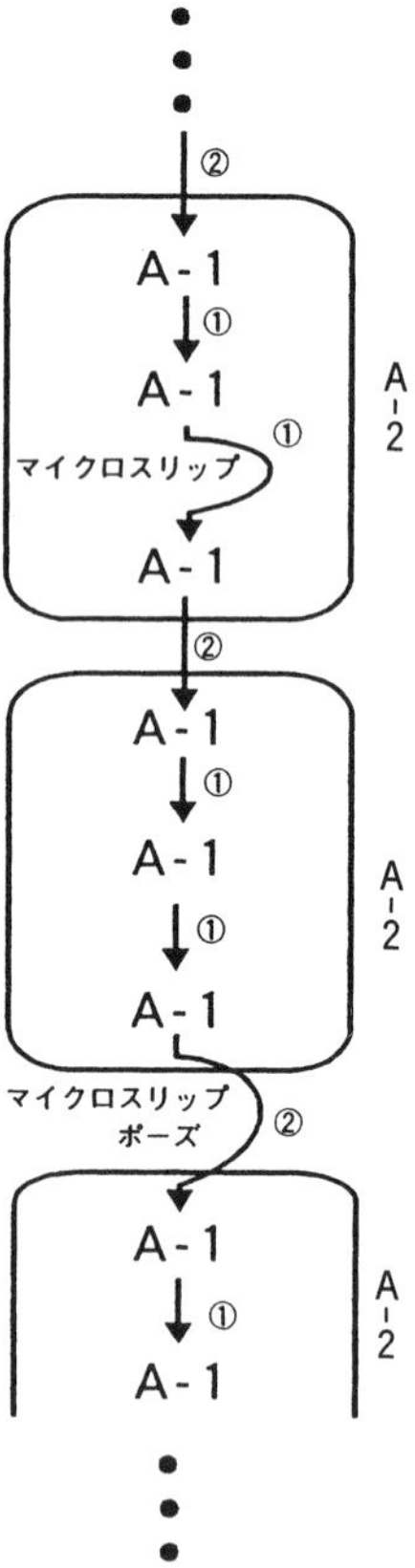

①：A－2中のA－1の移行
②：A－2移行時のA－1の移行

図2－9　A－1の移行場面

1の移行場面のうち平均七・三%の場面で、A－2の移行する場面のうち平均二三・九%の場面でそれぞれ起こっていた。つまり、A－2移行場面では、A－2内部の3倍以上の頻度でマイクロスリップが起こっていたのである。この事実は、コーヒー課題の八人の分析結果から予想されたことをより明白に示してる。マイクロスリップは、下位タスクに組織された分節の継ぎ目のところで非常に起こりやすくなる。

下位タスクの継ぎ目のところは、選択可能な行為が増大する場面である。たとえば、「砂糖を加える」（下位タスク）ときの行為は、カップと砂糖を中心に比較的少数の物に限定される。スプーンで砂糖をすくう前に、砂糖をカップに入れることができないように順序的な制限もある。ところが、下位タスクを終了したとき、コーヒー粉、クリーム、あるいはクッキーに関する下位タスクのそれぞれを開始する小さな行為が可能なように、選択可能な行為は卓上のより多数の対象に関することに開かれる。行為者は、課題を遂行する道程で、より少数の行為の可能性と向き合う場面、より多数の行為の可能性と向き合う場面を通過していく。マイクロスリップは、そのコントラストを反映しているのだと言える。

行為が停滞する場面

行為の進行過程には、マイクロスリップだけでなく、遂行活動の停滞や、髪をかき上げるなどの余計な動作も生じる。図2－8の記述には、これらの動作全般をまとめてポーズと記してある。ポーズは、A－2内部のA－1の移行場面のうち平均三・一％の場面で、A－2の移行する場面のうち平均三〇・七％の場面でそれぞれ起こっていた。A－2移行場面では、A－2内部の十倍近く高い頻度でポーズが起こっていた。この事実から、行為が下位タスクの分節の継ぎ目のところで停滞しがちであったことがわかる。行動の流れは、下位タスクという行為の分節の継ぎ目のところに多くの淀み（マイクロスリップやポーズ）を生じ、この分節内部のスムーズな行動の流れを際立たせている。

下位タスクの移行場面は、行為が停滞しがちであることから、次に続く行為が選択困難な場面と言える。それとは逆に、一つの下位タスクの持続中は、選択可能な行為は限られているので、行為選択は比較的容易に行われる。つまり、下位タスクの持続が、小さな行為の選択を制約する働きを強めるのである。そしてタスク制約の持続的な働きが、入れ子の行為分節を結果として生じ、タスク制約の変化が行為の修正や停滞の起こりやすいところを生じさせている。

A－2の内部過程と移行場面にあるコントラストは、マイクロスリップのタイプ間にもある。まず四タイプのマイクロスリップについてもう一度検討してみよう。「躊躇」タイプや「接触」タイプは、手の動きが空中で急に停止するあるいは物に接触するように手の動きが急速に減速する微小停止を含んでいる。一方で、「軌道の変化」タイプと「手の形の変化」タイプを特徴づけている手の動きの変化は、動きを停止することなく起こっている。図2－10のように、「躊躇」タイプと「接触」タイプを微小停止のあるタイプに、「軌道の変化」タイプと「手の形の変化」タイプを停止のないタイプにまとめると、A－2の内部では、両者はほぼ同程度だが、A－2の移行場面では、微小停止のあるタイプのマイクロスリップが停止のないタイプのおよそ三倍の割合で起こっていた。下位タスクの継ぎ目のところで起こるマイクロスリップの割合を際だたせていたのは、主に微小停止タイプのマイクロスリップであったと言える。このように、下位タスクの推移による行為選択に働く制約の変化は、マイクロスリップの質的構成にも反映されている。

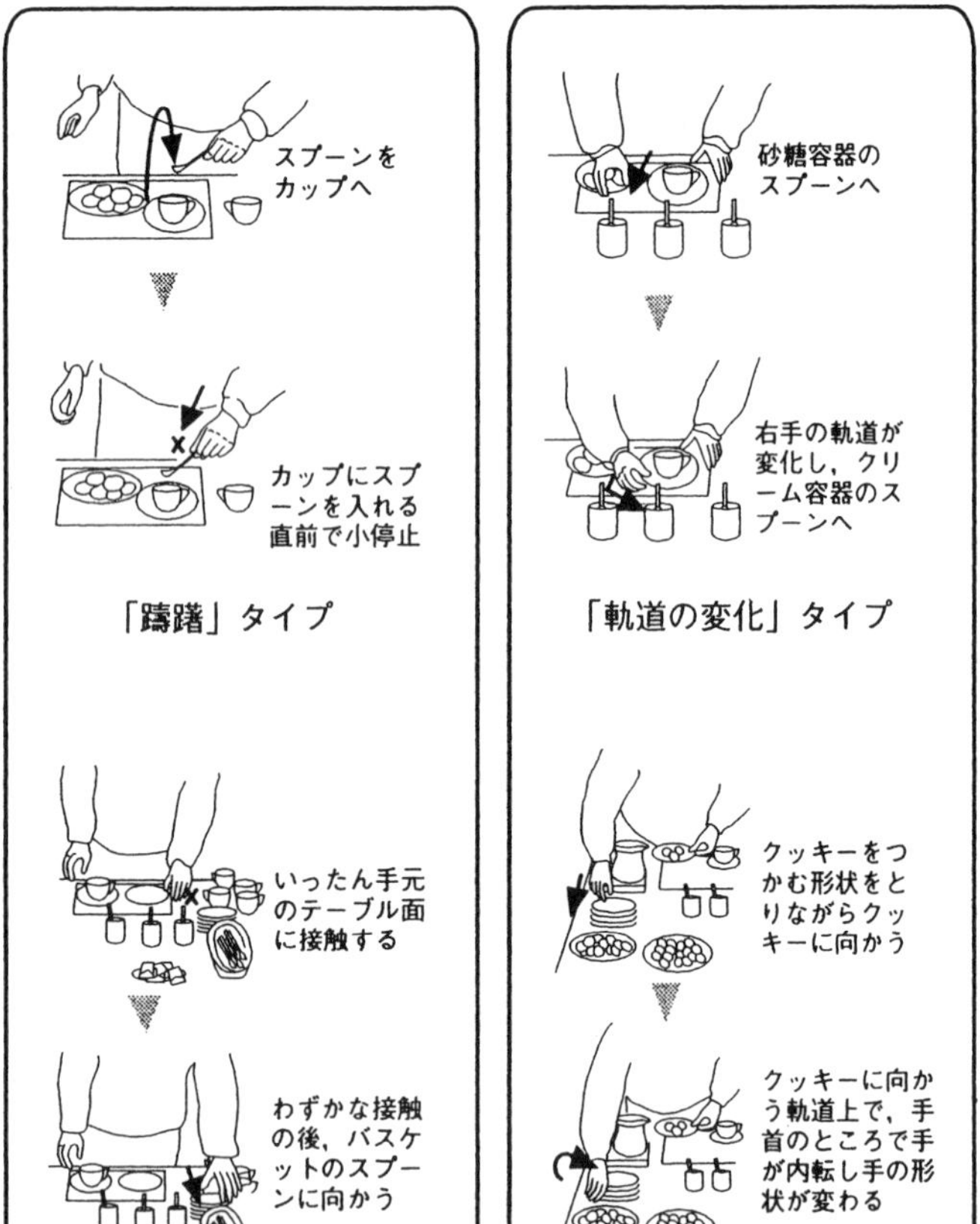
スプーンをカップへ
カップにスプーンを入れる直前で小停止
「躊躇」タイプ
いったん手元のテーブル面に接触する
わずかな接触の後，バスケットのスプーンに向かう
「接触」タイプ
砂糖容器のスプーンへ
右手の軌道が変化し，クリーム容器のスプーンへ
「軌道の変化」タイプ
クッキーをつかむ形状をとりながらクッキーに向かう
クッキーに向かう軌道上で，手首のところで手が内転し手の形状が変わる
「手の形の変化」タイプ

微小な停止のあるタイプ　　停止しないタイプ

図２－10　微小停止のあるタイプとないタイプ

5　行為を調整する環境資源――アフォーダンス

前節までの一連のマイクロスリップ現象に焦点を当てた観察によって、行為の進行とともに変化する状況のなかで、行為者が多様な行為の可能性と接触しつづけていることを検討した。課題を遂行した行為者は、多様な可能性と接触しながら自らの行為を選択していた。まだ母親の介助を必要とする幼児ですら、能動的な行為を通して環境の多様な可能性と接触し、ぎこちない動作を伴いながらもそれらを積極的に利用していた。

多様なアフォーダンス

行為の可能性とは何であろうか。たとえば、「もつ」、「すくう」、「注ぐ」などの行為が可能であるかどうかは、行為者の側の性質と環境の側の性質のどちらか一方だけでは定められない。環境のある対象を「もつ」ことが実現可能であるためには、行為者が物体をつかんだり保持したりすることのできる手や腕やそれを支える体幹といった装置を有していることが必要である。それと同時に、対象は、行為者が備えた装置にとって適切なサイズや形状を有している必要がある。このことを対象について言い換えれば、行為の可能性は、行為者の性質と相補的な対象の性質のことである。J・J・ギブソン（Gibson, 1979）は、このような対象の性質のことをアフォーダンスと呼んだ。

ギブソンによれば、私たちの身の回りにある対象は、非常に多くの行為をアフォードする。とりわけ手による操作について、対象のアフォーダンスは多様である。行為者に備わった手に適当な大きさや重さの対象は、つかむこと、持ち運ぶこと、打つこと、投げること、切ること、あるいは、結ぶことなど、対象の備えた性質によってさまざまな行為をアフォードする。多様な行為の可能性との接触とは、周囲の対象やその配置に行為についてのアフォーダンスを知覚することである。前節までに見た課題環境や幼児の食事環境に配置されたカップやスプーンなどの一群の対象は、行為に関して多様なアフォーダンスを備えている。彼らは、自らの行為が進行するにつれて刻々と変化する状況のなかで、知覚を通して多様なアフォーダンスと遭遇していたと言える。

彼らの行為は、個々のアフォーダンスによって単純に引き起こされたものではない。行為者の起こしたマイクロスリップが他の小さな行為へと中途変更されていたように、行為者は多数のアフォーダンスを利用して行為を修正していた。行為者は、多くのアフォーダンスを利用して、進行する行為を調整するのである（Reed, 1996）。

行動の柔軟性

行為は、環境に知覚される多様なアフォーダンスを資源としている。それゆえ潜在的に多様な行動ユニットが選択可能である。対象を保持することが両手のどちらでも可能なように、アフォーダンスを利用する行為者の備えた行動レパートリーも多彩である。E・J・ギブソン（Gibson, 1997）によれば、アフォーダンスにガイドされた行為は、「有機体が持ち合わせている行動レパートリーから適切な行動ユニットを選択すること」を含んでいる。

一方、選択された行動ユニットは、行動の流れのなかでタスクに埋め込まれ、下位ユニットとなる。下位ユニットは、タスクのゴール達成に貢献する手段として機能するが、行為者や環境条件が変化すれば、それに応じて柔軟に変更されるのがふつうである。E・J・ギブソンは、この行動の特徴を柔軟性と呼んでいる。行動ユニットの変更がいかに柔軟であるかを、マイクロスリップの事実は示している。手の動きの微小停止や軌道変化として観察されるように、ある対象に向けていったん開始された行為は急速な中途変更が可能であり、行為者はそれを実際の行為のなかでしばしば行っているのである。

行動ユニットがタスクの入れ子になるように柔軟に選択されるには、状況の変化に合ったタスク特定的な制約を必要とする。前節では、マイクロスリップの多く起こる場面を検討し、タスク制約が下位ユニットの移行場面で弱くなることを論じた。タスク制約の働きは、入れ子になった下位タスクの推移と密接な関係がある。次項でタスク制約が何に依拠しているかを検討しよう。

多重な環境定位

コーヒー課題の場合、コーヒーの粉をすくうこと、コーヒー粉を加えること（下位タスク）、課題として要求された二杯のコーヒーを作ること（言語的に与えられた課題ではなく、その要求を満たす結果について行為者が環境に見いだしたこと）は相互に入れ子になったタスクである。もし、コーヒーを作ることが朝食を準備する際のことであれば、さらに上位のタスクに埋め込まれていることになる。

入れ子のタスクは、それぞれの時空間的スケールで環境のアフォーダンスの布置と対応している。「もつ」ことや「すくう」ことをアフォードする対象は、一群の配置のなかに埋め込まれている。卓上のスプーンは、カップや砂糖の入った容器と隣接した配置のなかにある。コーヒー課題において、これらの材料は「砂糖を加える」下位タスクに必要とされる対象である。その対象の配置は、クリーム容器や湯の入ったポットなどの他の対象とともにさらに大きなスケールの対象の配置に埋め込まれている。J・J・ギブソン(1979）が生息環境を構成する場所について指摘したように、場所は入れ子になっているのである。通常、上位のタスクに関連した大局的な環境の特徴に注目することと、その達成の手段として利用される下位のタスクや個々の対象などの局所的な環境の特徴に注目することとは、互いに矛盾することなく、むしろ同時に行うことが可能である。行為は、入れ子の環境への多重な定位から構成されている。生態心理学では、行為を構成する入れ子の環境定位のことを「姿勢」と呼んでいる（Reed, 1990)。「コーヒーの粉を入れる」ときには、コーヒー容器とスプーンとカップとテーブルを含む対象群の配置に対する姿勢がある。その姿勢を持続しているあいだに「スプーンをもつ」→「コーヒーの粉をすくう」→「コーヒーの粉をカップに入れる」→……という個々の対象に定位した下位の姿勢は変化していく。ある姿勢の持続は、入れ子になった下位の姿勢の変化を制約し、その結果、行為は入れ子のタスクに組織化されていく。

ここで述べた制約の働きは、あらゆる行為者一般に言えることであるが、それに加えて、以下の制約の働きを検討する必要がある。マイクロスリップが環境の修正やタスクを繰り返し経験することによって減少するように、行為者や環境に独特な制約も作用するかもしれない。さらに、そのときどきの行為者の位置取りや状況の変化による偶発的な制約も作用するかもしれない。行動ユニットの選択に働いている制約は、これらの総体であると考えられる。これまで言及してこなかったが、もちろん思考やプランのもつ行為への制約は無視できるものではない。しかし、この章で問題にしてきたような多様で複雑な行為系列が生じることについて支配的な役割を果たしているとは考えにくい。行為の進行とともに生じるタスク制約が、行為が入れ子のタスクに組織化されるように働き、それと同時に、行為者はつねに環境のアフォーダンスを知覚し、選択可能な潜在的な行動ユニット群を更新しつづける。行為の進行そのものが、行為を組織化する主たる原動力になっている。

行為者は、入れ子になった環境資源によって行為を柔軟に調整することを検討してきたが、この能力が獲得される土壌には、環境資源と行動ユニットとのあいだの持続スケールの異なりがある。「行動が向かう環境の対象や事象は、一行動のあいだだけでなく、行動群にわたって不変なまま持続する」（Reed, 1996）ものである。対象の配置や場所の持続は、行為者が同種のタスクについて多様な行動ユニットによって行為を繰り返すことを可能にしている。実際、日々の行為は、持続する環境資源を多様な仕方で利用するという反復の中にある。行為者は、多様なアフォーダンスと繰り返し遭遇し、自らの行動の柔軟性を発達させているのである。

（鈴木健太郎）

参考文献

Gibson E.J., An ecological psychologist's prolegomena for perceptual development: A functional approach, In Dent-Read, C., & P. Zukow-Goldring (Eds.), *Evolving explanations of development: Ecological approaches to organism-environment systems*, American Psychological Association, 1997.

Gibson, J.J., *The ecological approach to visual perception*, Hillsdale; Hougton Mifflin, 1979.〔古崎敬ほか訳『生態学的視覚論』サイエンス社、一九八五。〕

Reed, E.S., Changing theories of postual development, In Woollacott, M., & A. Shumway-Cook (Eds.), *Development of posture and gait across the life span*, University of South Carolina Press, 1990.

Reed, E.S., & Schoenherr, D., The neuropathology of everyday life: On the nature and significance of micro-slips in everyday activities, 1992 (unpublished manuscript).

Reed, E.S., *Encountering the world: Toward an ecological psychology*, Oxford University Press, 1996. [細田直哉訳『アフォーダンスの心理学』新曜社、二〇〇〇。]

佐々木正人・鈴木健太郎・三嶋博之・篠原香織・半谷実香「行為の淀みと発達－アフォーダンスの制約－」『日本ＭＥ学会誌ＢＭＥ』十二巻七号、一九九八。

佐々木正人・鈴木健太郎「行為の中心にあること」『心理学評論』三十七巻四号、一九九四。

Schwartz, M.F., Reed, E.S., Montgomery, M., Palmer, C., & Mayer, N.H., The quantitative description of action disorganization after brain damage: A case study, *Cognitive Neuropsychology*, 8 (5), 1991.

鈴木健太郎・三嶋博之・佐々木正人「アフォーダンスと行為の多様性－マイクロスリップをめぐって－」『日本ファジイ学会誌』九巻六号、一九九七。

鈴木健太郎・佐々木正人「行為の潜在的なユニット選択に働くタスク制約：日常タスクに観察されるマイクロスリップの分析」『認知科学』八巻二号、二〇〇一。

III章

ナヴィゲーションと遮蔽

視覚障害者のナヴィゲーションについて歩いた。目的地に行くためには、町並みの区切れ目を知ることが重要であることがわかった。区切れ目にはどのようなことがあるのだろう。環境の全体を知って縦横に移動するための情報として、遮蔽という単位が浮かび上がってきた。

1　壁の切れ目

光の感覚のない視覚障害者の歩行習得過程をはじめて観察したのは一九九一年の夏であった。所沢の国立身体障害者リハビリテーションセンターで、対象者は一九六八年生まれの男性M氏であった。訓練は二階建ての大きな本館内部を知ることから開始された。「歩行訓練士」は移動をガイドし、各所にあることを示した。たとえば浴場では、入り口で訓練士がM氏の手をとり、部屋の配置を遠くからなぞるように宙に部屋の形状を描く。各設備を手で指示して付加する、というふうに説明した。

場所は徐々に拡大し、二階から一階へ移動し、上下の階を対応づけ、さらに隣接する体育館、講堂、周囲の道路まで行く。訓練士はときにはM氏の背に小さな地図を指で描き、両手を打ち反響音を発て、周囲の広がりを知るようにガイドした。訓練はたいがい出発点までもどって終了した。つまり経路は一つの閉域として体験され、閉域を繋ぐという方法で環境の知識は拡大した。最後の訓練は、はじめていく店舗に電話をして、そこまでの移動経路を聞き出す課題や、訓練していない経路で車からM氏を降し、自力で訓練した経路に戻る課題で終えた。視覚障害者が歩くには、多種、詳細にわたる技術のあることを知った。本章で考察するのはその一つである。

訓練開始から二週間、杖の利用を導入して数日後、廊下を歩き、横の「壁の切れ目」を見つけて、止まる課題が導入された。片側が四つの廊下（それほど狭くはない）と順に直交し、もう一方の側は壁が続き切れ目のない通路で、課題が与えられた。最初の日、M氏は通路を二往復、合計一六の（まず身体左側、次に右側）切れ目を通過した。彼は左側に切れ目がある場合には八個中七個発見できたが、右では一つも発見できなかった。この差はなぜ起きたのかはよくわからない。

壁の切れ目でM氏が止まると、訓練士はなぜ止まれたかと毎回聞いた。M氏の答えは、「一瞬こっち（横の通路を指す）に空気が流れた」「（横の通路の）向こうで音がした」「（横の通路に）空気がある」「何かやっぱり音か、開いている感じ」などであった。

あるとき、M氏は切れ目で止まり、杖で床を何度か叩いた。なぜ止まれたのかと質問されて「（杖で）叩いたときに向こうまで……（音が伝わった）」と答えた。訓練士は「そうじゃなくて叩く前に（横の通路のほうに身体が）向いたでしょ」と言って「どうしてわかったの」と続けた。M氏は「わかんない空気かな」と答えた。訓練士は「ほんの微細な音でも、壁から出たとき結構聞こえる。意識するかしないうちにあれっていう感じでつかまえることができる。さっき右曲がったときに何でかわからないって言ったじゃない。知らないうちに他の情報を使っているわけなんだ。そういうのを自分で意識しながら使ってみると周りが何かね、すぐにね、見つけられる可能性がある」と述べた。M氏は「コウモリになったつもりで……」と応答して、二人は笑った。

屋内で壁の切れ目を発見する技術は重要である。なぜなら、それは屋外で「道の切れ目」を発見すること、つまり次に移動していく道を選択することに繋がっていく。それはナヴィゲーションの基本である。屋外ではM氏は「空気のかげんとか」「空気の流れの変化」など、さらに車道の交差部のわずかな突起（水捌けのための）の足裏の知覚も利用して切れ目を見つけた。本章はこの「切れ目」の知覚について考えてみたい。

2　壁と壁の向こう側

M氏に引き続いて光覚のない視覚障害者数人のナヴィゲーションを観察した。対象者の数は一九九八年までで十名を越えた。まず住まいや職場を訪ねインタビューし、いつもの移動経路を単独で歩いてもらいビデオ記録する方法を取った。さらにはじめての経路を歩いてもらうことも行った。当時二六歳の女性T氏に最初のインタビューをしたのは九六年の八月である。小学校一年までは、光と色と眼の前五センチの距離で指の本数を識別する視力があり、止まっている車を視覚で避けることができた。現在は両眼とも視力はゼロで光の感覚もない。

以下が最初のインタビューの一部である。「　」はT氏の答えであり、（　）が筆者らの質問である（注：質問者は伊藤精英氏（公立はこだて未来大学）、宮本英美氏（東京大学）と筆者の三名であった。ここでは誰が質問したかは示さない）。

（歩行に環境音は使いますか。何か狭い感じとか、物がある感じはわかりますか。）

「何となくわかります。」

（ぶつかる前に、ああ、壁だとか、塀だとか、大きな柱みたいなものだとかわかりますか。）

「ええ、だいたい。でも柱とか車だと、日によって止まれるときと……。」

（調子があるんですか。体調みたいなものが。）

「そう。調子の良いときと悪いときが。」

（そういう手掛かりというのは、もう随分前から使っていましたか。いつごろからか覚えていますか。）

「そういうのは完全に見えなくなってから使っていたというか、そういうのを感じるようになりました。小学校三年生ぐらいかな。」

（家並が切れたというのはわかりますか。）

「ええ、わかる。」

（天井が高いとか低いとかは。）

「何となくわかる。あと屋根のあるとかない所というのも。ここは外なのに屋根のある所とか、そういうのはわかります。」

（カーテンが引いてあるかどうかはどうですか。もちろん窓は閉まっている場合だけれど。）

「自分が使うことが多い部屋だったらわかると思うんですよ。カーテンを引くと声がこもる感じになったりするから。でも、もともとそういう部屋というのもありますよね。その部屋の特徴というのを知らないとわからないかもしれない。」

壁とそのの切れ目の感覚についても質問した。

「白杖のないときは結構壁を手掛かりにします。」

（それは音ですか。触わるわけですか。）

「触れたり、人がいて触れられないときは皮膚の感覚です。私は音もそうなのかもしれないけれど、目の下の感覚をよく使っているなと思うんです。」

（頬の上のほうですか。）

「目のこの辺（下を指す）です。目の下の感覚が。」

（目の下ですか。目の上ではないんですか。）

「私は上よりも下が感じます。眉毛とかおでことかの辺はよく感じないです。目の下なんです。」

（壁に近づくと、どういう感じに変わるんですか。暖かくなるとか冷たくなるとか、空気がなくなるとか。）

「閉鎖される感じですね。」

（狭くなる感じですか。）

「何か前に立ちはだかっている。」

（暖かさみたいなもの。）

「そうそう、何か暖かい感じです。」

（閉じる感じ？）

「壁だと対象物が大きくなりますよね。そうなると全体的に覆われるというか、左のほっぺだとかに。音なのかなあ。」

（じゃあ顔を覆ってしまうとまずいですよね。風邪でマスクなどをしたりするとね。）

「でもマスクは平気です。ここ（眼の下を指す）が出ているから。眼帯とかは嫌ですよね。」

（帽子は。）

「帽子は別に嫌じゃないです。帽子は結構好きです。」

（耳を覆われてしまっても大丈夫ですか。）

「耳は嫌です。」

壁の「切れ目」については、後に述べる実験後にもインタビューをした。以下はそのときの答えである。

（開ける感じというのは……。）

「ああ、開けたという感じ。」

（「あっ」という感じがくるんですね。）

「何て言ったらいいのか。すごく感覚的な表現で……。」

（突然じゃないんですか。何かわからないものに触わってて、ああ、何かわかってきたというふうな感じですか。)

「いやあ、そういう感じではないです……突然です……サウナに入って、パッと開けたら涼しい感じがしますよね。そういう感じかな、開けたというのは。……トンネルをパッと抜けたときみたいな感じです。……トンネルというのがいちばんいい表現かもしれないです。ちょっとオーバーに「サウナ」とか言ったけど。」

(単に音とかだけじゃないんですね。)

「絶対、音だけじゃないです。音は確かによく使ってるけれど。」

(空気とかもありますよね。)

「気配を感じます。」

(空気は軽くなるし、冷たくなる感じですか、どっちかと言えば。)

「そうですね、どっちかと言うと軽くなります。」

(冷たくなるね。)

「うん。」

(ひやっていうか。それが開けるか。圧迫感がなくなるというかね。)

「そうですね。……あと私の場合は山道とかを登っていて、耳がツーンとなってそれがパッと抜けるときがあるじゃないですか。キーンてなって聞こえにくくなっちゃったのが、パッと元に戻るときですね。あの瞬間に似てるかもしれません。……あと私は耳を塞ぐと、真っ暗になった感じがします。本当に目が見えなくなったような……本当に闇に来たという感じがしてしまいます。」

（そういう意味で切れ目は、むしろ明るくなるわけですね。）

「そうですね。」

最初のインタビューの三日後、T氏に池袋の地下街を移動してもらった。T氏の歩行には見逃せない特徴があった。T氏は身体側方に壁や大きな柱がある場合には、杖の振れ方が壁や柱への方向で大きくなり、杖による地面の叩き方が強くなり、間隔も短くなった。杖で壁の存在を確認しているように見えた。しかし後で聞くとT氏自身は、壁があることによるこのような杖使用法の変化を自覚していない、どの場所でも一定の振り方をしていると言った。壁が身体の側に続いてある所では、T氏の蛇行は減った。壁の在る場所ではT氏は壁とほぼ一・五メートルほどの距離を保持し、その幅が壁の切れ目が近づくと壁際三〇〜五〇センチまで接近した。つまりT氏の移動はその安定相（直線歩行）と転換相

（経路転換）の両方で壁を利用しているように見えた。

T氏の壁際の歩行を検討するために場所を都内に探し、東京駅地下から京葉線への幅六・七メートルの広い地下通路を選んだ。四つの通路で実験したが、二か所の結果を述べる。はじめに切れ目が身体右側にある壁（地点1）で、次に左側の壁（地点2）で実験した。

T氏はまず移動開始位置にガイドされて行き、壁を身体の右側（地点2では左側）にして立つ。壁と肩までの距離は約一メートル。移動開始位置と壁の切れ目との距離は毎回変えた。最短で切れ目まで七メートル、最長で三〇メートルであった。壁が右側にある場合に七回、左側の場合に六回、切れ目まで歩く、接近を行った。

T氏は「切れ目」で止まることができた。右側ではすべての停止地点は切れ目の手前五〇センチから切れ目を越えた三〇センチの幅に収まり、左側の場合も同様に手前八〇センチから越えた四〇センチの幅であった。左側二回目の八〇センチ手前という結果がもっとも壁から遠かった場合であり、他の一二回は壁の切れ目からプラスマイナス五〇センチの範囲内に収まり、停止地点と切れ目との平均距離は約二八センチであった。つまり「壁の切れ目」は平均するとほぼ一歩の歩幅の範囲内で発見されていた。

図3－1は壁が右側にあるときの、図3－2は左側のときの一回目と二回目の移動軌跡

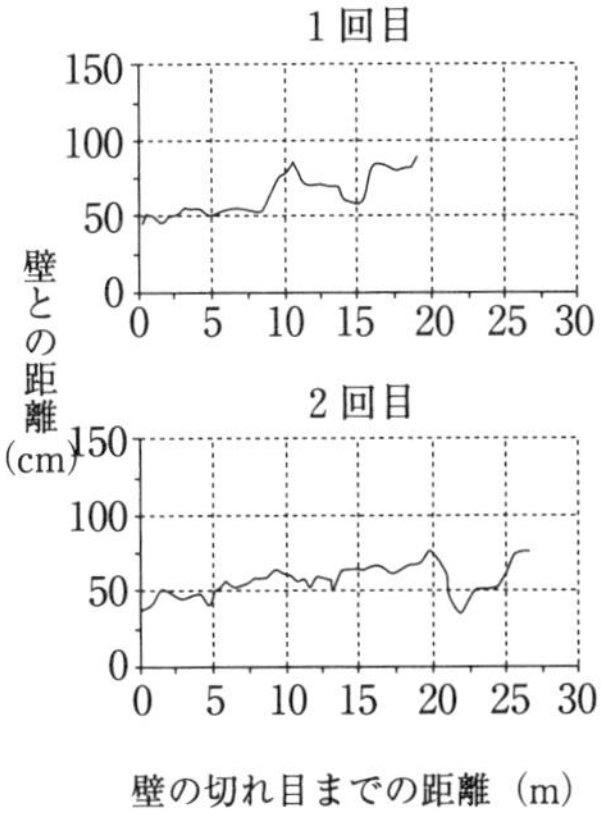

図３－１　壁が右側の移動軌跡（地点１）

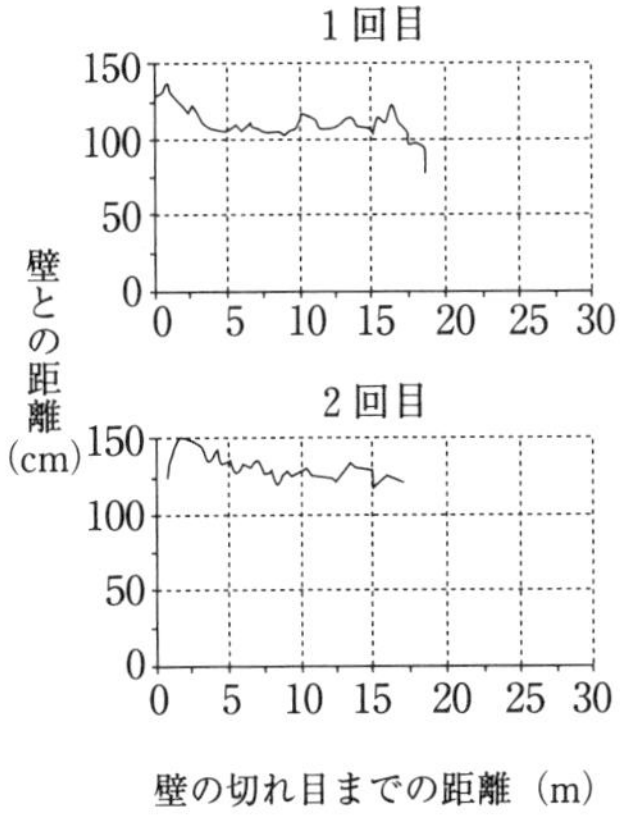

図３－２　壁が左側の移動軌跡（地点２）

である。一回目ではどちらも切れ目から約一八メートルの所から出発して、切れ目を二〇センチ越えた所で停止した。二回目では右側は約二七メートルの所から出発し、切れ目を一〇センチ越えた所で、左側では約一七メートルから出発し、切れ目の八〇センチ手前で止まっている。

　壁が右にあるか左にあるかによって移動軌跡は異なっていた。右の場合は、出発してからいったん壁側に接近するよう蛇行し、ついで壁から遠ざかり、そしてふたたび壁に寄る。壁が左にある場合では壁からわずかずつ離れつづけそのまま切れ目に至っている。速度に左右の場合の差はなく、かつ壁の切れ目への接近に伴う速度変化もほとんどなかった。

切れ目への接近経路の左右による差異を、切れ目周囲にあった音の構造が部分的に説明していた。図3－3には壁を右側にして歩いた場所の、図3－4には左側にして歩いた所の音の構造を示した。自身も音を利用する歩行を二〇年以上経験している共同研究者の伊藤精英氏が現場で聞いた音にもとづいて作成したものである。

伊藤（一九九七）は二つの場所について以下のように書いている。

「地点1（右側に壁のある場所）では切れ目周辺部や壁面付近に排気口が複数存在している。その内、切れ目の方向にある排気口はそのモーター音が大きく、この地点をもっとも特徴づけている。対照的に地点2（左側に壁がある場所）の切れ目の周囲には排気口が少ない。たとえ配置されていても排気口の音量が小さく、場を特徴づけるには至っていない。つまり地点1と2との相違点は、排気口の存在に基づく放射音の強弱である。地点1の場の壁面付近には直接音と反響音を構成要素とする音響学的流動が生起するが、地点2の場の壁面およびその切れ目付近には反響音のみが満ちている」。

「音響学的流動」を伊藤は「音源から直接到来する放射音と配置されている諸対象の面から間接的に到来する反響音とのエネルギー比や到達時間差の変化」であると定義している。

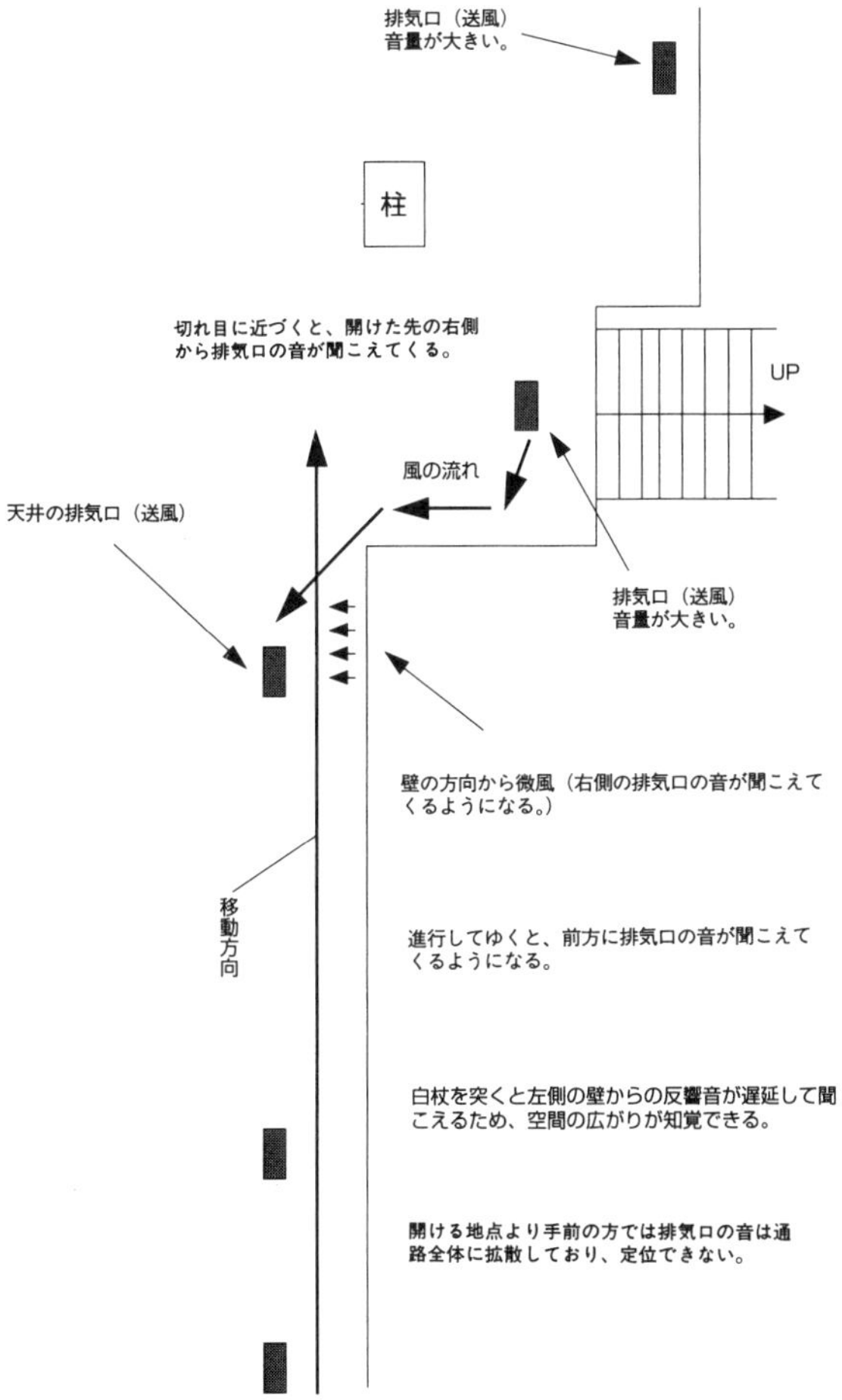
排気口（送風）
音量が大きい。
柱
切れ目に近づくと、開けた先の右側
から排気口の音が聞こえてくる。
UP
風の流れ
天井の排気口（送風）
排気口（送風）
音量が大きい。
壁の方向から微風（右側の排気口の音が聞こえて
くるようになる。）
移動方向
進行してゆくと、前方に排気口の音が聞こえて
くるようになる。
白杖を突くと左側の壁からの反響音が遅延して聞
こえるため、空間の広がりが知覚できる。
開ける地点より手前の方では排気口の音は通
路全体に拡散しており、定位できない。

図３－３　壁が右側の音場（東京駅、地点１）

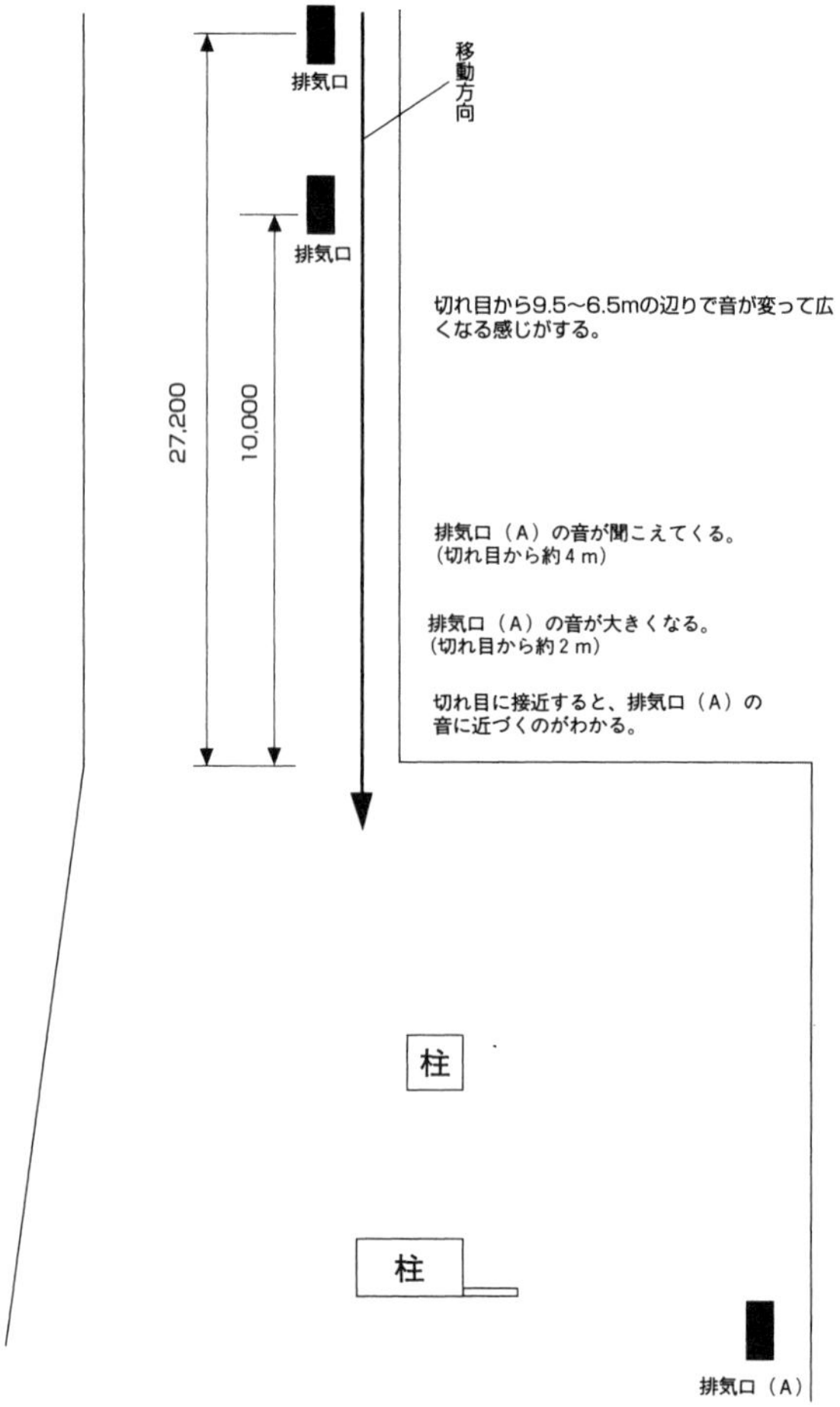

排気口
移動方向
排気口
切れ目から9.5~6.5mの辺りで音が変って広くなる感じがする。
27,200
10,000
排気口（A）の音が聞こえてくる。（切れ目から約4m）
排気口（A）の音が大きくなる。（切れ目から約2m）
切れ目に接近すると、排気口（A）の音に近づくのがわかる。
柱
柱
排気口（A）

図3－4　壁が左側の音場（東京駅、地点2）

T氏に壁の切れ目でうまく止まれたことをすべての実験終了後に告げ、「なぜ止まれたのか」と聞いた。

彼女は右側では「壁のそばを歩いていると、壁が切れてからでないとわからないのですが、ちょっと距離を置くと、風の流れみたいなもので少しわかります。切れるちょっと前にわかります。音は確かにそうですね向こうのほうに曲がって。後はやっぱり風の流れだと思います。右側に曲がったところに空調の音が聞こえますし、あと人の声とかもなんか遠くで聞こえている。あと何となく開ける感じがある。右側にぱっと。覆われているのではなくて」と述べた。左側については「(壁が) 切れるのでわかる。ここには風はあまりない。開けるというよりも、ああ左が空いているなという感じ。今度 (左側) のほうが杖の音を使ったかもしれない」と述べた。

このT氏の報告は左右の壁の切れ目が異なる音場に配置されていたという伊藤の考察と一致している。右側のときには壁の「向こう側」を注意したことが壁から「距離を置く」「音が曲が」る、「覆われているのではなく」「開ける感じ」というような内容で示唆されている。左側では壁の切れ目そのものが注意されていたことが「(壁が) 切れる」「風があまりない」「開けるというよりも空いている」「杖の音 (すなわち反響音) を使った」

などと示唆されている。壁の切れ目を発見するためのT氏の歩行経路は、壁の「向こう側」も使われた右側では、接近→遠ざかり→接近で、左側では一貫して遠ざかる方法であった。

これらの結果は一つのことを示している。それはT氏が知覚した「壁の切れ目」とは、壁が消えてしまうこと、つまり「壁の消失」の知覚ではないことである。もし壁際の移動が、横にあった壁が無くなるという知覚によっているならば、二つの壁の切れ目への接近で同じことが起こったはずである。しかし二つの壁の切れ目は、二種の異なる移動経路を生みだした。T氏は何を知覚していたのだろう。おそらくそれは壁と、壁の「向こう側」にあったことである。壁のなくなりぎわを知覚することは、壁と壁の「向こう」の両方を知覚することなのではないか。それは差の知覚ではないか。

3　街の肌理

ここと、ここと隣合う所の両方を使って移動を確実にする方法について、T氏は「私たちにしかわからない手掛かり」とインタビューで表現していた。

「前に音楽を少しだけ習いに行ったときに、新宿駅の西口から外に出るというルートがあったのです。それは視覚障害者の友だちが通っている音楽教室だったから、その人からだいたい教わって行っていたのですよ。それで私たちだけがわかる手掛かりというのがあったのです。」

（どういうものですか。）

「何と言ったらいいのだろう。ここに来てこの柱がある所で曲がると階段があってとか。それで階段から外に出たら、今度は足元の床というか、ちょっとツルツルしている所があったのですよ。そのツルツルが終わると段があって、そのちょっとした段の線の所がありますよね。その方向のままで渡るというような感じで。ちょっとした所を渡ってとか。あとは道の切れ目というのが、やっぱり少し段差みたいになっているんですが、その道の切れ目が三回あって、ちょっと歩くと何だか知らないけれど、自動販売機のような音がしてとか。」

（自動販売機の所では何かが落ちて来る音がするんですか。）

「ガーッという自動販売機が動いているようなモーターの音です。それを通り過ぎると左に階段があってというような、そんな感じだったのです。……」

新宿のこの場所にはまず「柱がある」。そこを「曲がると階段」があり「階段から外に出る」と「足元の床のちょっとツルツルしている所」がある。そのツルツルが終わると「段」があり、その段の「ちょっとした線の所」を「その方向のままで渡る」と「道の切れ目が、やっぱり少し段差みたいになっている」ところがある。「その道の切れ目が三回ある」その先を「ちょっと歩くと何だか知らないけれど、自動販売機のような音がする」。それほどの距離ではないだろう所に、これだけの隣合うことがある。T氏の移動はこのように密に隣合うことを「私たちだけの手掛かり」として使用しているらしい。

密な隣合いを移動に利用することについて、もう一人の光覚のない視覚障害者からも聞いた。一九九五年十一月にインタビューしたA氏である。当時三一歳のA氏は二歳で失明した。視覚の記憶はまったくないという。最初のインタビューで彼は「足の裏が道を踏みしめたときに、どういう感覚があるかということについては、かなり覚えていると思う」と言った。そこでA氏の自宅から最寄りのJRのH駅までの路面の接触感のすべてを思い起こしてもらった。以下は準備なしの突然に依頼に答えた想起である。

「えーと、家をいま出るとすると、家の敷地のなかは、ずっと土なんですよね。砂利道になっているところもちょっとあるという感じなんですが、出たところから五メーターぐらいかな、ここははっきりしませんが、板がずっと敷いてあるんですね。で、それが、たとえばその三枚目あたりはちょっと右側にずれてるので、ずれてるというのは、そこに障害物があるんでズレてるんですが、そこのところでちょっと向こうへ、右側へ行かないと、障害物に足がぶつかるかなというところがあったり。それから五枚目あたりはちょっと欠けてるので、すぐストンと右足がおちてしまうような感じのところもあったり。その向こうは、今度は家庭用の浄化槽用のマンホールがあって、それが多分いくつかあると思うんですよね。それが、いつも踏んでいるものが、多分、一か所は確実に踏んでますね。……そこを通過するとちょっと上り……上りといってもほんのちょっとですけれども、ちょっと高くなってる感じのところがあって、そしてコンクリートに出るんですね。コンクリートに出たところからはちょっと下がるんですね。で、そこのところからは、農業用水に半分だけ蓋がしてあって、そこが歩道になっているんです。……二枚の板を真ん中で合わせたような形になってるんです。……これは多分、金属の上に、なんかコンクリートを塗ったような形になっていますから、踏みしめると少し音がするんです。そういうものが一、二、三。三つありますね。で、三つ終わったところで、その道路を向こう側へ渡って、渡ったところには少しどぶ板がずっと並んでるんですが、そこからはちょっと上りになってますね……。」

一部だけを示した。想起は長く続いた。A氏の想起にはまるで路面を映像で辿ったような肌理の感触がある。ここに彼のナヴィゲーションが使用している環境の密度が示されている。視覚障害者のナヴィゲーションは環境の細部との密な接触を必要とする場合があるようだ。ナヴィゲーションが「こことここの隣」の差を利用するということには、そういう意味も含まれるのではないだろうか。

4　遮蔽

ここで「遮蔽」という用語を導入する。英語ではオクリュージョン（occlusion）、「さえぎりおおうこと」の意味である。本章は「壁の切れ目」を問題にしてきた。「切れ目」という言い方には、そこであたかも壁が「なくなる」という意味が含まれる。しかしこれまでの考察は「壁の切れ目」が、壁が「消失」してしまう、なくなってしまうところではないことを示した。壁の切れ目のような所で移動にともない起こっていることを遮蔽とよぶべきなのではないかというアイディアを提供してくれたのはジェームス・ギブソンである。彼は視覚を可能にしている光の性質を扱う「生態光学」についての議論で、消失と遮蔽の違いに注意を払うべきだとした。その部分を引用してみる。

観察点は媒質中の、熟知している経路を、ときには新しい経路を、前後や左右に行ったり戻ったりする。観察点の位置の変化は可逆的である。観察点にいる人がいきつもどりつしたときにはもちろん、わずかに姿勢を変えるようなときにも観察点の位置は転換する。周囲のレイアウトにある多様な大きさの表面は、このようにして観察点の位置が変われば、それにつれてじょじょに隠されていく。しかし、反対の方向に動けば今度はじょじょに現れてもくる。見えなくなることは、見えてくるということの逆なのである。隠す表面と、隠される表面は交換する。いままで隠す表面だった所は隠される表面になり、隠される表面は隠す表面になる。しかしそれは一つの物が他の物に変わってしまうことではない。それは特別な推移、移り変わりによってそうなるのである。

(Gibson, 1979, p. 79)

ギブソンは知覚者の周囲にあるのは、物のように輪郭で区切れるものではなくて、相互にどこまでも隣合っている表面のレイアウトであるとした。その事実を視覚論の中心に据えた。上記の議論はそれを前提にしている。周囲が隣合う表面の群れだとすると、そこで動けば表面間には相互に隠す、隠されるという変化が生ずる。それは無くなったり、出現したりするような変化ではない。そのことは動きの方向を変えればわかる。その変化はリバーシブルなのである。ギブソンはそのことを指摘している。

「消失（disappearance）」やその反対語の「出現（appearance）」はこの推移にもちいるべき用語ではない。これらの用語の意味は「見える（visible）」とか「見えない（invisible）」ということばと同じように曖昧である。表面はその存在が無くなることでも「消える」し、視界からはずれてしまうことでも「消える」。二つの「消える」の意味は根本的に異なる。たとえば蒸発して存在を失うことで消えてしまい、どの観察点にも投影されなくなった表面と、ある観察点からは見えなくなっただけの表面を混同してはいけない。ある観察点からは見えない表面も、他の観察点からは見える。しかし、蒸発した表面はどこにいっても見えないのである。「消える」にあることの二つの意味を混同する間違いはよく見られる。この混同が「見えない」ことにもリアリティがあるとか、ゴーストがいるのではないかといったり、ものごとをよく観察しない態度を助長しているのである。

（Gibson, 1979, p. 79）

ギブソンは知覚者の移動にともなって周囲に起こっているこの特徴ある表面間の推移を遮蔽とよんだ。遮蔽は、視覚にとって重要な出来事の一つである。なぜならそれによって「環境全体」を見ることができるからだ、という。

環境のレイアウトには観察点に投影されている表面と同様に、投影されていない表面も含まれている。観察者はこのレイアウト全体を知覚するのであって、いま投影されている表面だけを知覚するのではない。物は全体をまるごと見られ、何かの前にあると見られるのである。どうしてこのようなことが可能なのか？　情報は、いま相対している表面だけではなく、レイアウトの全体についても可能であり、いまは隠されていず現れている表面と、その表面が隠している表面の両方についても同様に得られるに違いないのである。では何が情報になるのか？　それは包囲光の配列が変化し、時間の経つと明らかになることである。私は表面間を分ける縁（エッジ）に、縁を特定する光に情報が存ると主張する。私は他の表面を覆っている縁が特定されるときには、そこに覆う表面と覆われる表面の両方が特定されると言いたい。

……私が述べているのは、一時的には見えない表面群も知覚できるということである……重要なことは観察者がある方向に動くと、ある表面群は見えるようになり、逆の方向に動くと見えなくなるということである。もし移動が可逆的ならば観察者が移動して見えなくなったことは、観察者が戻ってくればふたたび見える……私はこの原理を可逆的遮蔽原理（プリンシプル・オブ・リバーシブル・オクリュージョン）とよぶことにする。……私たちが見ることは奥行きではなく、後ろにも何かがあるということなのである。

(Gibson, 1979, pp. 76-77)

移動することでわかる重要なことは、「何かの後ろに何かがある」ということである。そのことは隠す表面と、隠される表面の縁によって特定される。縁の部分には独特な光のキメの置き換えが起こる。その光が二つの表面の存在と、それらの関係を同時に示す視覚の情報である。この事実は二つの表面間に限定されない。知覚者がわずかに姿勢を変えるだけでもすべての表面間にはいま起こった移動に相互的な変化が起こる。その移動によってしか現れない縁が生ずる。したがって、縁は、あるいはそれを特定する光の変化という情報はそれから環境のレイアウト全体を知ることができる情報になるのである。ギブソンはこの情報の在るところを遮蔽縁（オクリューディング・エッジ）とよんだ。

ギブソンはこのように遮蔽を視覚の原理の一つとした。この原理はもちろん大規模な環境の知覚であるナヴィゲーションにも適用できる。移動者にとっても壁は切れ目で消失しない。壁が消失したり出現したりするのではない。移動者が「切れ目」で経験することも遮蔽なのである。

ギブソンは環境中を移動する者に与えられている視覚の単位についても、ヴィスタと名付けた。それがどのような遮蔽の縁なのかについて以下のように書いている。

動物と人間は住んでいるところに定位することができる。……目的地までたくさんの経路があっても、動物は最短の道を行くことができる。……人ならばここからいくつもの場所を指すことができる。それらの場所が壁や表面に隠れていても、その向こうに、ここからの方向を示すことができる。……

動物は隠されているような目的地への道をどのようにして学習するのか。いまのところ二つの説明がある。一つは「反応連鎖説」で、他は「認知地図説」である。どちらも不十分である。目的地までの道がわかることは、刺激に条件づけられた個々の転回反応が連鎖することではまったくない。だからといってそれは迷路についての「心の地図」に頼ることでもない。いったい誰が心のなかで地図を見ているというのだろう。私の「可逆的遮蔽理論」ならばもう少しましな説明を与えられる。

迷路の小道、家にある部屋、町の街路、郊外の谷はそれぞれ一つの場所である。それは一つのヴィスタ、半ば囲まれ半ば開けている所（セミ・エンクロージャ）、いま見えている表面の集合でもある。「ここ」というのが広がりのない点ではなく、いくぶんかは広がりのある領域であるという条件付きで言うならば、ヴィスタとはここから見えるところである。ヴィスタは繋がっている。なぜなら一つの小道が終わると次の小道が開ける。ドアの縁では次の部屋が開ける。街路の角では次の路が開ける。丘の頂上では次の谷が開ける。ある場所から次の場所に行くと、前方にヴィスタが開け、後方ではヴィスタが閉じる。迷路のようなところや建物のたてこんだ環境ではヴィスタは選ばれなくてはならない。いまは隠れて見ることのできない場所へ行くために、つぎにどのヴィスタが開けなければならないのか、どの遮蔽縁が目的地を隠しているのかを見てとる必要がある。区切れ目がなく、連続的に繋がっていて、行ったり戻ったりできるような、推移するヴィスタの集合がある。その内では一つのヴィスタが次のヴィスタを導いている。(何もない砂漠のようなところではなく）どこもかしこも建物で隠されているような環境では、どのヴィスタもそこだけにしかないという性質をもつ。そのことに注意する必要がある。それは迷路をつくりあげているような特徴のないどこでも同じであるような通路とは違う。どこもまったく同じという棲息地はないのだから、どのヴィスタも、それ自身を標示している「ランドマーク」なのである。

目的地までの道を探す移動のあげくに、ヴィスタには秩序が与えられる。家全体がどのような所なのか、町全体がどのような所なのか、棲息地全体というものを知ることができる。隠されているヴィスタと隠しているヴィスタは一つのまとまった環境となる。そのとき、人はたてこんだ建物の下に、地平線まで続く地面を、それを隠している建物と同時に知覚できる。そのとき、人は環境に定位したということになる。それは地形についての鳥瞰図をもつようなことではなく、あらゆるところに同時にいる、ということなのである。

(Gibson, 1979, p. 198)

一つのヴィスタはそこにあるだけで他にはない。そのことを保証しているのは一つのヴィスタが他のヴィスタと、そこでしか起こらないあるユニークな仕方で繋がっているからである。移動者がしていることとは、移動によってこのユニークな繋がりをたぐることである。一つのヴィスタと隣接する他のヴィスタは、移動によって分離不能なものになる。この繋がりは可逆的でもある。移動によってヴィスタとヴィスタはユニークな隣接になる。あらゆるヴィスタにはそのように移動が制約を与えている。それが環境という一つの大規模な秩序になる。

ヴィスタが与えられた制約をギブソンはセミ・エンクロージャとよんでいる。半ば開き、半ば閉じていることである。セミ・エンクロージャ（半開閉）であることがヴィスタをナヴィゲーションの目印にする。ユニークに開き、ユニークに閉じるヴィスタを目印として、ヴィスタとヴィスタの入れ子に全環境が定位される。ヴィスタのセミ・エンクロージャの連なりを可逆的に知る者がゆるぎない移動者となる。どこからきたのか、どこにいるのか、どこにいくのかを、つねに意識できる者となる。

セミ・エンクロージャとは遮蔽である。遮蔽は次の遮蔽を包み込んでいる。多数の遮蔽の抱摂集合が、いまは隠されている大部分のところを含む、広大な環境への定位の意識を私たちに与える。移動は遮蔽を繋げていく経験である。移動は遮蔽の集合を後戻りしてリバーシブルに経験することでもある。移動者には、リバーシブルに遮蔽し合うヴィスタの集合として環境は存在していることになる。全環境を移動という観点から定義するならそれは遮蔽の抱摂によって現れてくる不変なのである。

5 音の遮蔽

O氏を初めてインタビューをしたのは一九九七年二月である。彼の視覚障害は先天性で、視力を完全に失ったのは四歳である。小学校の五年生までは「電気をつけるのと消えるのがわかる程度」の光覚があった。現在は光覚もない。O氏は自身のナヴィゲーションの方法について「パズルというか……図形化」する方法だと表現した。O氏は「パズル」は「立体」であり、それを組み立てる要素は「(たとえば)足触りですね。タイルだったり、コンクリートでも打ちっ放しの汚いものだったり、もちろん点字ブロックなんかも大きなポイントですね……何となくブロックの段差の感じがありますね。ブロックの感じとか、路地の感じなんかも……あとは、ビルの駐車場の入口みたいな所がありますね。ああいうガランとした所とか……建物で圧迫されていないような、スーッと右に抜けていくような感じ」などであると言った。多くのことが彼のパズルには埋め込まれる。

彼のナヴィゲーション法について、たとえば新宿南口構内を例に話してもらった。

「南口の上はだだっ広いですから、柱が規則的に並んでいる所で、いろいろありますね。キオスクもありますし、喫茶店みたいな、立ち飲みコーヒーみたいなものもありますね。それを避けながら、まっすぐ歩ける所を確保するというのは、やはり点字ブロックを基準にしながら、でも全部ではないです。あとは、公衆電話の音がありますね。あれは、新宿は六台とかがかたまって何か所かにあるのです。その音と音のあいだを探せば、だいたい点字ブロックがあるかなというふうにして、点字ブロックを探すのです。あと、南口の改札のピンポン、誘導チャイムがありますね。そのあいだに点字ブロックを見付けて、なおかつ、その向こう側に誘導チャイムが見付かれば完璧ですね。」

（公衆電話の音と音のあいだというのは、どうやって見付けるのですか。）

「だいたい右の音と左の音のバランスとか、まっすぐ目の前に聞こえていたら、絶対人とかにぶつかりますね。だから、右か左かにまず避けるのです。その避けた所の目の前ぐらいにピンポンと聞こえてきたら、もう儲けもので、ましてや下に点字ブロックでも見付かれば、もういいというか。」

最初のインタビューから一年半後の九八年の八月十七日に、O氏が移動の経験をあまりもたないと言った新宿駅東口周辺での移動を依頼した。真夏の晴れた日、経路は西武新宿線新宿駅の改札から、JR新宿駅西口（小田急線入り口）まで（図3－5）。O氏には移動中マイクを付けてもらい、現在の移動が利用していることを話してもらった。

西武新宿駅の建物を出たO氏は、まず靖国通りを横断した（図3－5Ⓐ）。

「渡ります。左に曲がって、どう言えばいいでしょうか、四谷方面、新宿御苑方面に渡りました。靖国通りを右に見ながら渡りました。で、今度は靖国通りを正面に……いま靖国通りを渡ります。右側にガードが聞こえていますので、一応、位置確認としてはオーケーだと思います。いま、だいたい、靖国通り中央部です。……」

（この道は、これまでに何回ぐらい来たことがあるのですか。）

図３－５　新宿東口エリア

「この道は一人で渡ることはほとんどないですね。だいたい、僕は下（地下道）を通ってしまいますので。……一人で歩くのは初めてだと思っていただいて結構です。」

靖国通りを渡りおえると、一度JR路線（ガード側）に数メートル向かい、すぐに四谷側に一八〇度方向転換し（図3－5Ⓑ）、スタジオアルタの横に出る小路（図3－5Ⓒ）をJR東口に向かった。

「（幅広の靖国通りの中途で信号が赤になり待っていた）はい。人が動きだしましたね、はい。いま靖国通りを渡っております。それで、これは真っ直ぐ行けるのですよね。もう少し右に行かないと。えーと、どっちだったかな。これがガードだから、たしか、もう少し左に行くと通路があるはずです。いま靖国通りを渡って、左側に少し行きます。たしか、そんな記憶だったような気がしますので。いま新宿JRのガードが背中です。靖国通りを御苑方面に歩いております……」

（ガードは音でわかりますか。）

「はい、ガードは音で判断しています。ここは、たしか、賑やかなお店が何軒か出てきて、食べ物屋さんとかブティックがあるはずなのですが。……いま靖国通りを、さっきの信号から約二〇メートルほど歩きまして右に曲がります。細いというか、車の通らない人通りの多い道です。両サイドはブティックですとかレコード屋さんなんかもあるのでしょうか。……はい、大きな道路が、だいたい、目の前一〇メートル以内に入ってきました。これは、多分、アルタの前の道路だと思います。」

（音ですか。）

「そうです、目の前に走る道路の音と……いまアルタの前の通りを目の前にして信号を待っているような感じです。」

アルタ前の交差点を渡るときに混乱が生じた。O氏は西口への路を取れず、JR線の高架（そのままJR東口に繋がっている）に並行している道を東口入り口へと移動した。そしてJR東口駅ビルの入り口を通りすぎ、建物に沿って建物の北東の端まで来た。さらにその先まで行こうとして柵にぶつかった（図3－5Ⓓ）。O氏の前にはタクシーなどの車がJR東口前のロータリーへと入るために移動しており、ちょうど前方にあるヨドバシカメラ（図3－5Ⓔ）の大きな広告放送が聞こえていた。この放送を聞いてO氏は移動がJ

R西口に向かっていないこと、路を見失っていることに気づいた。そこまでの記録が以下である。


「（アルタ前の信号が変わった）……スクランブル交差点というのはいちばん苦手で。だいたい、足場で横断歩道を確認しながら真っ直ぐというのを確認するのですが、こういうだだっ広い所だと、頼りは人が歩く音と、左に止まっている車の位置と自分との位置で何とか。一応、右にガードが聞こえているので大丈夫かな、というふうに思いながら歩いています。……大丈夫かな。」

（大丈夫着きました。）

「右側にガードが聞こえていますので。」

（ガードというか、列車の音。）

「そうですね。もう少し渡ると東口のほうに行くのですが、西口のほうへ行く道へ若干右に曲がったような感じです。本当はもう少し左側に渡ると東口に行けるのかな。いまのスクランブル交差点で、若干、感覚が狂ったかなという感じはします。一応、目の前ちょっと右側、何というのかな、いまはガードに向いて歩いているのですが、西口のほうに向かうガードが聞こえていますので、西口へ向かっているかな、という感じはしています。西口に向かう道の右側の歩道を歩いていると思われます。……おそらく、そろそろガードに差しかかるはずですが。あっ、ごめんなさい。これがガードでしょうか（柵を杖で叩く）いまはガードの音が聞こえていないので、多分、これで潜り切ったのではないかと思うのですが。ガードの音がしないので、結構不安になっています。」

（ガードの音というのはどういう音ですか。）

「電車の音なのですが。」

（ゴーというやつ。）

「そうです。ただ、いまちょっと電車が来ていないような感じがするので、もしかしたらガードから外して、さっきの。あっ、でも、これは。」

（いまここで聞いて気になる音は何ですか。）

「車の音、前の放送の音が気になります。それは、多分、交差点みたいに思うので。ちょっと電車の音が聞こえていませんね。ちょっと違うのかな。では、いったん戻ってみて確認をしてみます。あっ、ヨドバシカメラの音が聞こえているということは、結構ずれてしまったかもしれないですね。」

ふたたびアルタ前の交差点まで戻った。


(何を手掛かりに戻っていますか。)

「いまは、一応、目の前に聞こえていたさっきの放送がありましたので、それを後ろにしながら戻っていたつもりなのですが……これ、車ですね、右側に車。右側に道路がありまして、その道路の左側の歩道を歩いているという感じで修正しました。一応、音は後ろから聞こえていますが。」

(後ろからというのは、例の放送などですか。)

「そうです。おそらく、これがアルタの通りなのかな。」

(ガードの音はどうですか。)

「ガードの音は全然聞こえて。」

(聞こえていませんか。)

「あっ、聞こえていますね、車の音と混じってしまったのですが。これが、多分ね、さっきのスクランブル交差店を渡り切った所あたりに戻ってきたと思うのですが。あっ、わかりました。」

（何が、どうわかりましたか。）

「えーと、渡り切ってから僕は真っ直ぐ行ってしまったのです。要するに、おそらく、それは東口のほうへ行ってしまったのです。渡って直ぐ右に返さないと。」

（なぜわかったのですか。）

「ガードの音がいま目の前に聞こえています。」


アルタ前の交差点の手前までもどり、O氏はどこにいるのかの感覚を取り戻した。


（さっきのヨドバシの音というのは、間違いなくヨドバシの音でしたか。）

「ヨドバシの音楽でした。」

（アレはあそこで柵にぶつかったときに確認しましたか。）

「そうですね。先ほどは真っ直ぐ行って、何か鎖止めみたいなものがありました。車止めとは言わないのですか、何か手摺りみたいなものがありました。アレまでは僕は東口へ向かっているという感覚ではなくて、西口のほうに向かう道路の右端を歩いているると勘違いしていました。だから、スクランブル交差点を渡っている時点で、だいたい九〇度ぐらい感覚がずれてしまったのですね。」

（ヨドバシの音というのがわかった時点で結構……。）

「それでかなりヒントになった。まあ、全部をそれで確信したわけではないですけれども、おおよそ見当が付いた、という感じでしょうか。」

（この道でガードの音というのは……ほかで聞く電車の音とは違いますか。ガードの上を通る列車の音というのは独特なものですか。）

「そうですね、ちょっと違うのです。ただ、さっきはガードの音を右にしながら歩いていたのですが、最終的にガードから離れてしまったもので。自分はガードに近付いて潜って行くつもりでいたのですが、そうではなくて、車の音と混じって、最終的にわからなくなってしまったという、そういうずれみたいなものが。」

周囲の感覚を取り戻したＯ氏は、ＪＲ線高架の際を移動して坂道を下り、靖国通りと西口をつなぐ「新宿大ガード」を発見した。

「感覚が点になってしまったので、歩いて線にしないと、なかなか次のがつかめないのでちょっと歩いてみたいと思います。……いまアルタを右に見ながら歩いているはずです。ガードが、これがガードですね（杖で路面を叩く）これは完全にガードに来たかな、という感じがしています、今度は。（いまガードを探しているの。ガードを潜る所を）そうです。車が右側です。あっ、おそらく、いまガードの下でしょう。まだですね、ごめんなさい。もう少しガードに集中して歩きたいと思います。あっ、音は完全に前のほうからしているので、おそらく、これで大丈夫かと思います。あれっ……こんな坂道があったかどうかがちょっと心配なのですが。……いまガードの音を聞いてみます。大きなバスがいたりするのでちょっと不安ですね。あっ、一応、正面がガードっぽいので、もう少し歩いてみたいと思います。……あっ、これが完全にガードですかね……」

（どういうことでおわかりになりますか。）

「車の音が変わります。いま完全に上を電車が通っているので、これで確信しました。ガードの下です。」

大ガードをくぐったO氏はその後混乱なく西口入り口まで行きついた。長く紹介した。この日、O氏とともに歩いて一つのことがわかった。あたりまえのことである。それはナヴィゲーションに使える「壁」が、文字通りの壁には限られないということである。記録が示すように、O氏は新宿東口で、新宿の東口と西口のエリアを分断している列車音を「壁」のように使用した。O氏はそれを「ガードの音」と表現したが、それはJRの列車が新宿駅と新大久保駅とのあいだを行き来する音である。

私も新宿には何度も足を運んでいるが、この広いエリアが、中心に大規模な音を抱えこんでいることにはこの日まで気づかなかった。雑踏と喧騒の最中で、どこにいても聞こえるほどの列車音が、背骨のように太く新宿を貫通している。

O氏の新宿での移動は、この長く広い範囲を覆っている「壁」と、靖国通りなどの大きな路の音と、東西エリアから聞こえる大ボリュームの広告音など、音と音による「遮蔽」を利用していた。大小規模の音の「壁」のあいだの遮蔽がつねに探られていた。たとえば靖国通りのどこにいるのかは、目前の路の音と、遠くの「ガード音」との「遮蔽」によって知ることができる。小路（たとえばアルタへ抜ける道）に入ったことは、「ガード音」の「壁」が小道の両側にある建物によって「遮蔽」されることで知る。視覚障害者にとっては音と音の遮蔽が新宿での「ヴィスタ」になっていた。「壁」が視覚や接触など感じ方のモードに限定されていないこと、振動場も利用できることが視覚障害者のナヴィゲーションについて歩いてわかった。

たとえば顔は複数の表面から構成されている。顔が回ったり、下を向いたり、話したり、瞬きをしたりすることは、顔を構成している表面と表面間に遮蔽を引き起こす。顔にある表面同士は遮蔽し合っている。表情の複雑さとは、表面間の遮蔽が同時にたくさん起こることである。この顔は単独では存在しない。顔は周囲の多数の表面の配置に埋め込まれている。顔自体に多数の遮蔽があるが、顔は同時に周囲の表面に抱摂している。顔の知覚はこのように遮蔽の入れ子の知覚である。

ナヴィゲーションする者は「顔」のようにして環境を知る。T氏がいくつも利用していた出来事間の遮蔽、ローカルな所での遮蔽と、大規模な「壁」との遮蔽。小さな遮蔽と小さな遮蔽、小さな遮蔽と大きな遮蔽が遮蔽し合っていた。遮蔽は遮蔽と遮蔽する。つまり遮蔽には「遠近法」がある。遮蔽は入れ子化することで、全環境という秩序をもたらすマクロでありかつ局所である単位になりうる。視覚における近景、中景、遠景とよんでるようなことが、おそらく、振動場にもある。移動する視覚障害者が囲まれているところはそういうナヴィゲーションの情報に満ちるところである。
どこかへ行こうと思い立った移動者は、この遮蔽のシステムに没入する。遮蔽から包囲するところのすべてを探り、そこのすべての縁を知っているといえるまでには長い移動を必要とする。すべての縁を知っているといえる日までこの遮蔽のシステムを探る移動が可逆的に繰り返される。

（佐々木正人）

文献

伊藤精英「場所や出来事を聴く」『現代思想』二五巻一二号、一四四―一五二頁、一九九七。
Gibson, J.J., *The ecological approach to visual perception*, Houghton Mifflin, 1979.［古崎敬ほか訳『生態学的視覚論』サンエンス社、一九八五。］

Ⅳ章

形なきかたち

——「複合不変項」の知覚：〈ひも〉の知覚を題材として

涌き立つ雲や、柔らかなひものような、形のない「かたち」がある。それらは常に変化し、一定の決まり切った「形」はないが、私たちはそれをまとまりある一定の対象として知覚できる。では、このように刻々と変化する事象を、一定の対象として知覚することを可能にしているものは何か。本章ではジェームス・J・ギブソンの「不変項」「複合不変項」のアイディアが提示される。そして、「変化の中の持続」としての「形のないかたち」の知覚と、アフォーダンス知覚との関連が議論される。

1　形のないものの「かたち」の知覚

ひもの形のヴァリエーション

はっきりとした形のある物と違って、たとえば「ひも」のような物は、柔軟で、その形が一定ではない。まっすぐにぴんと伸びているときもあれば、あちこちが波打つように曲がっているときもあるし、輪のようになっているときもある。場合によっては、結ばれていたり、絡んだりしているときもあるだろう。ひもにはたくさんの形のヴァリエーションがある。

図4－1aに示したような装置をカーテンの裏側に用意して、装置の「腕」からひもを吊り下げる。そして、カーテンの表側で被験者に座ってもらい、カーテンの裏側にあるひもの下端をもって自由に振ってもらうようにする。たとえば、このような状況を設定したとき、ひもはどのような形に振られるのだろう。

一回の試行で被験者が振るひもは一種類である。場合によってはいろいろな材質（太い

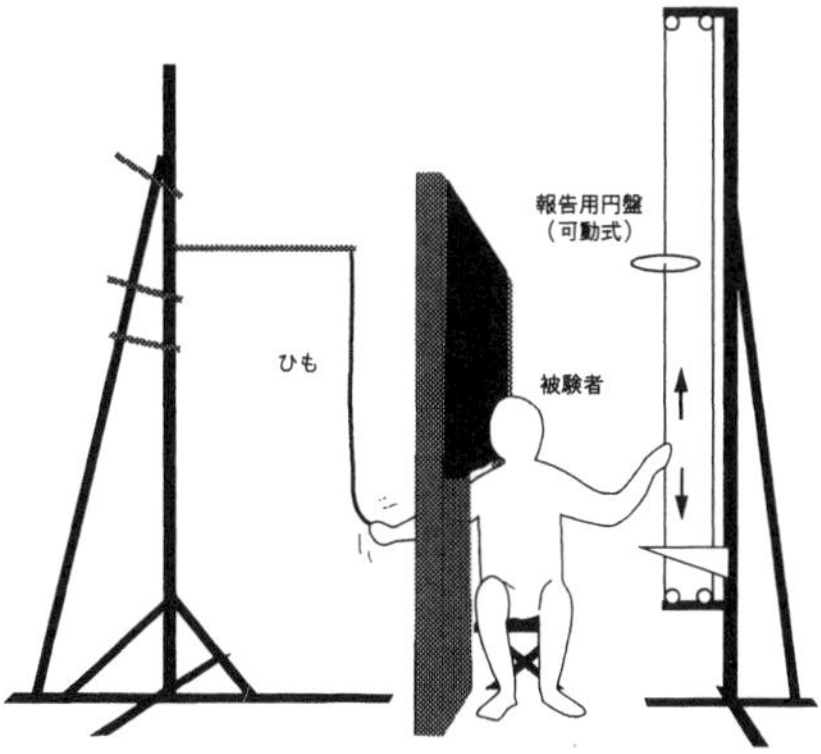

a　実験場面（正面から）

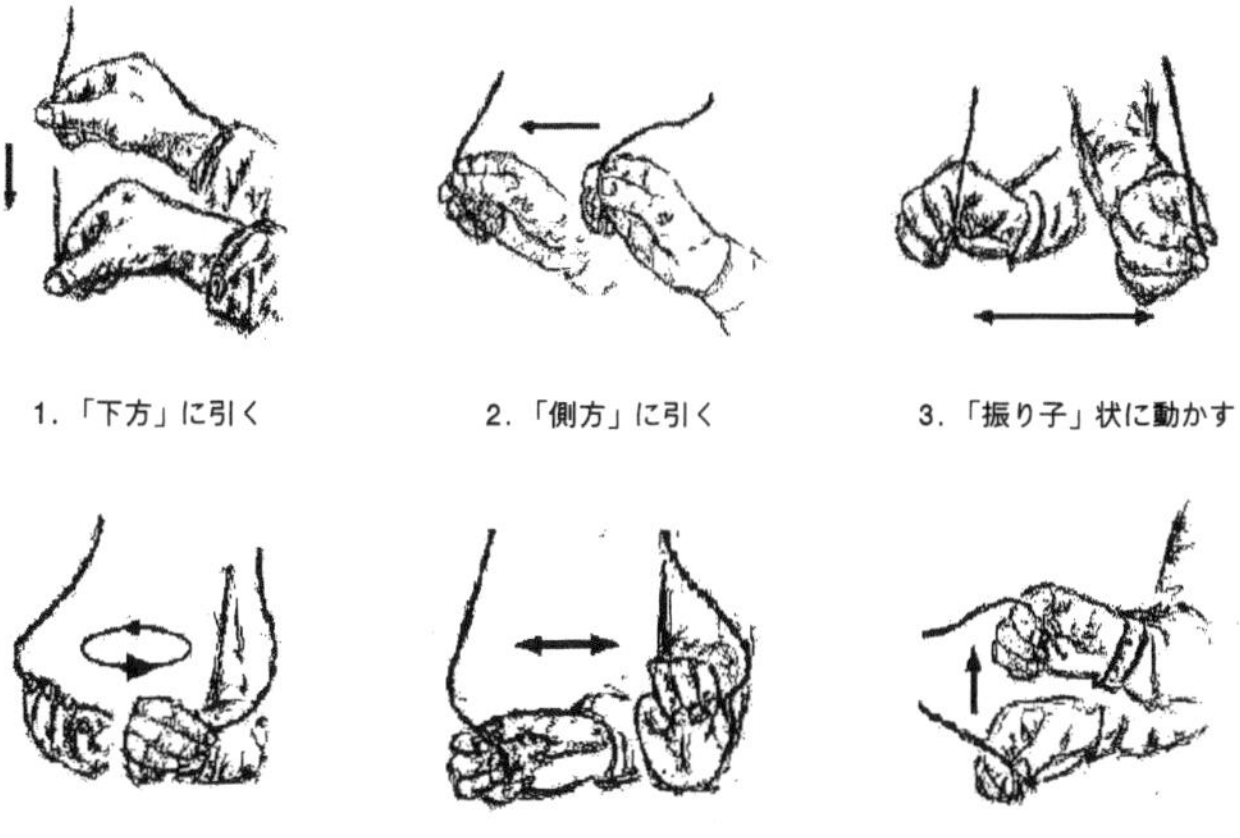

b　ひもを探査する際に観察された手の動き

図４－１　ひもの触知覚に関する実験装置と観察された手の動き

ひも、細いひも、ゴムひも等)、いろいろな長さ(七〇cm、九〇cm、一一〇cm、一三〇cm等)のひもが試行ごとに提示されるが、ここでは話を簡単にするために、四種の長さの太いひも(直径〇・六cm、二二g/m、ビニロン製)が提示される場合に限定して考えることにする。

被験者に与えられた課題は、ひもが固定されている位置、つまりひもの上端から、ひもの下端までの距離を報告することである。ここで、数人の被験者の手の動きを観察する。すると、図4-1bに示したような、いくつかの特徴的な手の動きを見ることができる。具体的には、「下方に向かってつんつんと引っ張る[1]」、「側方に向かってつんつんと引っ張る[2]」、「ひもをぴんと張ったまま手を振り子のように揺する[3]」、「ぐるぐると(縄跳びをするときのように)回転させる[4]」、「ぐねぐねと波立たせる[5]」、「ひもの下端を持ち上げる[6]」といった動きである(三嶋、一九九六)。実際には、この六種に分類できないような不定の動きも若干ある。しかし、そのような動きはとても不安定ですぐに消失してしまうし、試行を重ねていくと発生すること自体がまれになっていく。手の動きのカテゴリーの分類は複数の評定者が行ったが、これら六種のカテゴリーの大枠において、その分類が食い違うことはなかった。

ただし、この六種の動きのリストは数人の被験者の動きを観察した結果から作成したものなので、ここにあげられた動きをすべて、一人の被験者が行うわけではない。すべてのカテゴリーにわたって行為を発現させる被験者もなかにはいるが、多くはこの課題を行う過程で、その個人の「お得意の」とも言うべき動きのレパートリーのセットを発見し、それらを組み合わせて利用する。つまり、このリストにあげられた動きのなかの一つだけを選択することはなく、ふつう二つ以上の動きを組み合わせながらひもを探査する。

「同じ」ひもと「異なる」ひも

さてここで、先の簡単な実験から得られた結果を題材に、それをひろげてひとつの問題について考えてみたい。たとえば、ある被験者が、あるときに「A」という振り方でひもを振ったとする。そして、また別のときには同じひもを「B」という振り方で振ったとする。これらの二つの場面で、ひもの「形」――ただし動的な定常状態としての――は違っていることになる。では、このように「A」と「B」という二つの異なる振り方をした被験者が、だからといってそれらを「異なる」ひもであると認識するだろうか。これについての答えは、直感的には自明であるように思われる。つまり、おそらく、被験者は「当座の形は違っていても、『同じ』ひもである」という印象をもっていると考えることに抵抗はないはずだ。

次に、この問題を違う事例で考えてみたい。つまり、被験者が知覚しようとしている物を、形の不定なひもではなく、もっと形のはっきりとしたもの、たとえばコップなどとして考えてみるのである。この場合、形の違うコップ同士は、「異なる」コップとして知覚されるだろう。しかし、忘れてはならないのは、私たちはそれと同時に、形の違うそれらのコップを、同じ「コップ」というカテゴリーとして認識できるということである。これは、「形の異なる」ひもがじつは「同じ」ひもであることを知覚できることと似ている。

けれども、ひもの場合とコップの場合とで違うのは、コップの場合で言うところの「カテゴリー」が、実体のない抽象的なものだと思われている点である。そのため、カテゴリーの認識の問題は、「知覚」の問題としてではなく、「認知」の問題として取り扱われることが多い。しかし、もし、「(動的な)形の異なる」ひもがじつは「同じ」ひもであるという認識が知覚的に成立するのであれば、形の異なるコップらしきものが、同じ「コップ」というカテゴリーに属するという認識が、「認知」的であるということは、必ずしも自明ではなくなる。それはひもで考えた場合と同様に、知覚的なのかもしれない。

カテゴリーの認識が、認知の問題というよりも知覚の問題であるとするアイディアは、たいへん魅力的であるように思われる。これは筆者のオリジナルではなく、たとえば少なくともジェームス・J・ギブソンは、そのように考えていたようである（Gibson, 1979/1986）。

以下、変化に富み、それでいてとても具体的なひもの形の知覚について見ていくことで、「変化するもの」と、変化のなかで「持続するもの」（つまり「カテゴリー」に通じるもの）の問題について、考えてみたい。それは現時点では推測の域をでない議論もあるが、今後の展開を示唆するものとして書いてみたい。

「形」の知覚

まずはじめに、変化する「形」の知覚の水準から考えてみることにしたい。被験者に問うまでもなく、被験者自身は、自らの行っている探査の方法、すなわち「ひもの振り方」について区別できている。したがって、同様に、その際のひもの「形」の違いについて知覚できているはずである。たとえば、主として「回転させる［4］」ことと「振り子のように揺する［3］」ことによってひもを探査していた被験者（S1）がいたとしよう。この被験者は少な

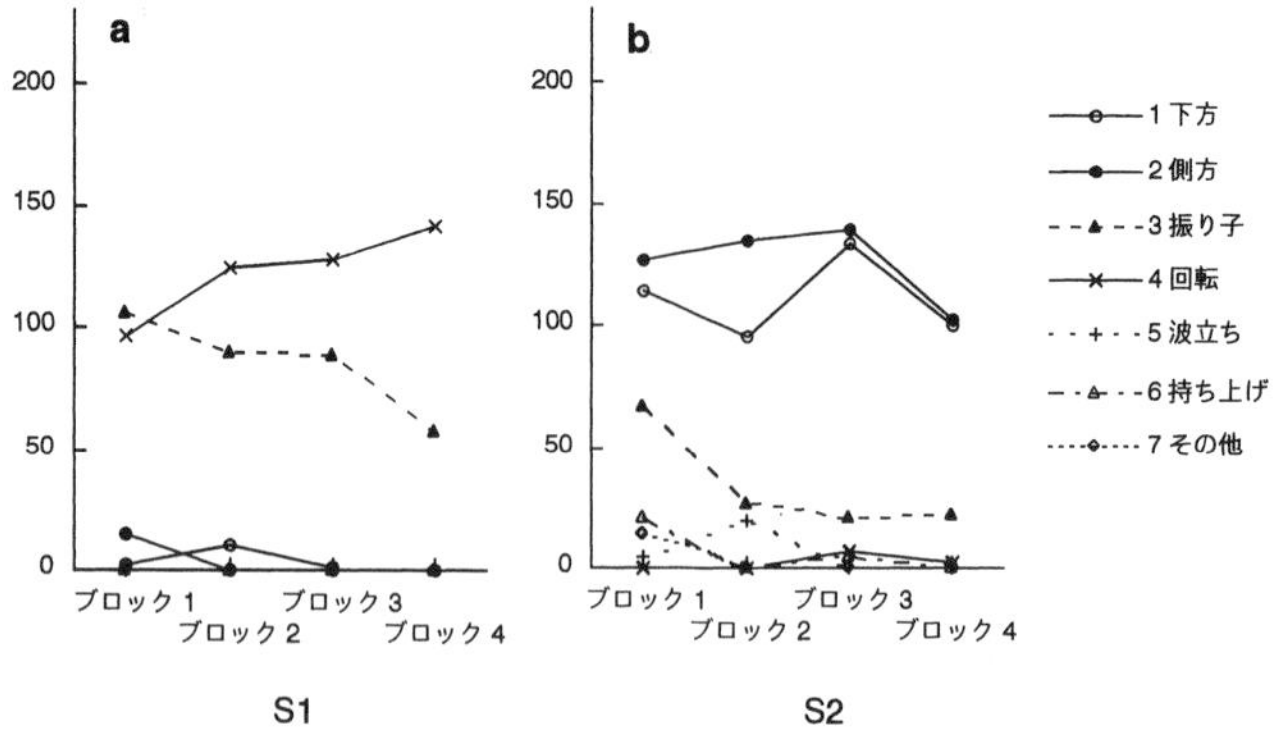

図4－2　試行ブロックごとの、ひもを探査する手の動きの生起時間の変化

ａとｂはそれぞれ、被験者Ｓ1とＳ2のグラフである。１試行ブロックは２試行から構成される。

くとも、「回転している」ひもの形と「振り子のように揺すられている」ひもの形とを区別していたはずである。実際のところ、図４－２ａに示すように、この被験者は四ブロック八試行の探査場面において、他の振り方と比べて、「回転させる［４］」振り方と「振り子のように揺する［３］」振り方をより多く選択しており、これらを系統的に区別できていたと言ってよさそうである（三嶋、一九九六）。図４－２ｂは他の振り方（主として「下方に引く［１］」ことと「側方に引く［２］」）を採用していた被験者（Ｓ２）の例であるが、こちらも同様のことが言えるだろう。

　ところで、これらの被験者は、「ひもの形」の違いではなく、手の動かし方をひもに関係なく「決めている」に過ぎないのではないか、と考えることもできるかもしれない。しかし、おそらくその可能性は少ない。ひも自体はきわめて自由度が高く、各部位の相互作用も複雑である。したがって、一部でのわずかな変化が全体の組織化の非線形的な変化として表れることも多い。ちょっとしたきっかけで、たとえば「回転」していたひもが「波立って」しまうことも多々ある。縄跳びの際に跳びひもの形をループ状に保つことが思いのほか難しい——それゆえひもが脚に絡まってしまう——ことを考えてみるとよいだろう。そのようなわけで、この実験においてひもを探査する際にひもの形を安定させる、つまりひもの形の「動的な」定常状態を作り出すためには、つねに相応の努力が必要である。ひもに働く作用力や反作用力、ひも自体の弾性、空気の抵抗などによって、ひもの挙動はいとも簡単に暴れ出す。被験者はそのようなひもの形を、少なくとも一定のあいだ、定常に保とうとするわけである。このため、ひもの形の安定性——それは努力によって維持している——に比べて、被験者の手の動きは必ずしも安定でないこともあるはずだ。つまり、ひもを探査する過程は知覚的制御のもとにあり、そこでより厳格に保存されているのは、探査のための「運動」ではなく、ひもの形の「知覚」のほうであるということができる。以上を考え合わせると、被験者たちは確かに動的な定常状態としての「ひもの形の違い」を知覚しており、また区別していると考えてよさそうだ。

「形なきかたち」の知覚

次に、「形なきかたち」の知覚とよぶべき水準について考えてみたい。ただし、ここでの議論は未だ直観的な部分が多いことをお許しいただきたい。

さて、先の実験で被験者たちは、異なる振り方に応じて「異なる」ひも（の形）を知覚していたが、それと同時に、振り方の違いや動的な定常状態としてのひもの形の違いが、「同じ」ひもの変化の一様相であることも同時に知覚していたのではないか。たとえば主として「回転させる［4］」ことと「振り子のように揺する［3］」ことによってひもを探査した被験者と、「下方に引く［1］」ことと「側方に引く［2］」ことによってひもを探査した被験者とでは、その探査方略の違いはあったにせよ、またそれと関連して、知覚されるひもの「形」の違いはあったにせよ、それらの違いは同一のひもの「異なる」様相として知覚されていたのではないか。以下では、このような知覚の等価性あるいは恒常性について考えてみよう。

まずは被験者内での場合を考えてみる。図4－3のaとbは、それぞれ、図4－2に示したのと同じ被験者のデータである（a：S1、b：S2）。ただし、図4－3は、手の動かし方についてではなく、ひもの知覚のパフォーマンスについて描かれたものである。ここでは、「実際の」ひもの下端から上端までの距離を横軸、「被験者が報告した」距離の平均を縦軸と

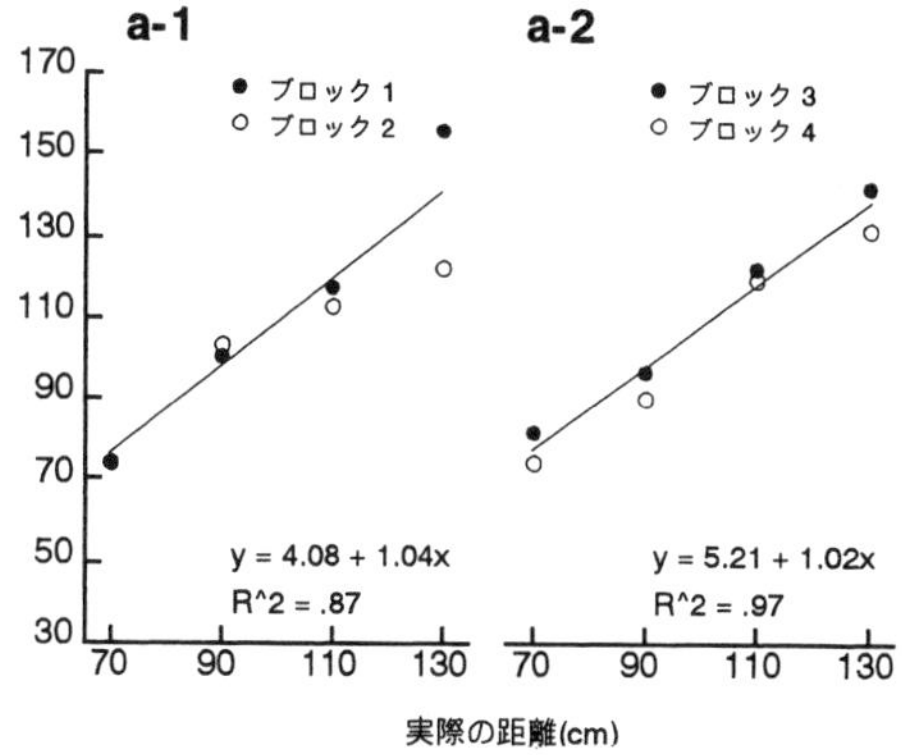

a　被験者S1のデータ

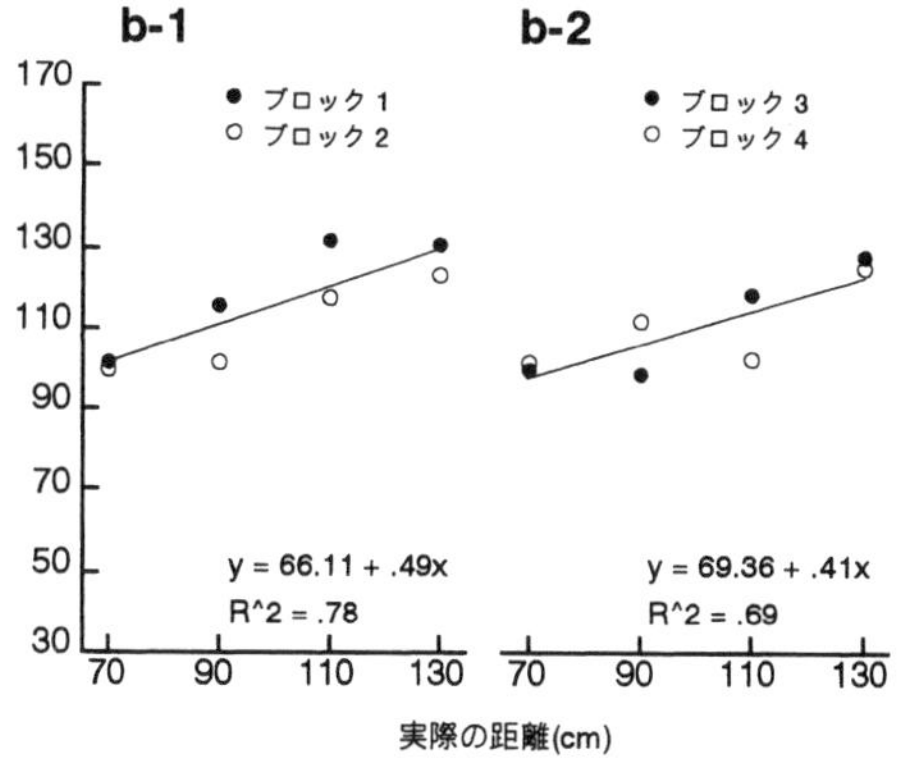

b　被験者S2のデータ

図4－3　実際のひもの取り付け位置までの距離に対する報告された距離

a -1とb -1はそれぞれ四つの試行ブロックのうちの前半の二つであり、a -2とb -2はそれぞれ後半の二つを表したものである。

してデータがプロットされている。また、比較のため、全試行の前半部分（a-1とb-1）と後半部分（a-2とb-2）とが、別のグラフとして描かれている。

まず、図4-2（一三八頁参照）から読みとれることであるが、被験者が行い実験者が観察にもとづいて分類した、ひもを探索する六種の動きの構成割合は、同一の被験者内においても試行を重ねることで変化している。それにもかかわらず、図4-3においては、a-1とa-2、あるいはb-1とb-2に示された直線の傾きがさほど変化しているようには見てとれない。すなわち、あくまで平均化されたデータについて見た目で読みとれる水準での議論ではあるが、選ばれた探索方略の（構成の）変化に比べて、知覚報告は相対的にずっと安定しているようである。後に議論することになるが、このことは、探査のための運動が知覚情報によって制約されている、つまり目標志向的であることを示唆していると考えられる。

さて、もう一歩踏み込んで、今の議論を被験者間（S1とS2）の問題に敷衍してみよう。aとbのグラフを比べてみると、決してその形は同一ではないが、だからといってまったく異なっているわけでもない。いずれも、知覚報告された距離と、実際の距離とのずれはある範囲内に収まっているし、また短い距離と長い距離とは相対的に弁別されている。この種の一致関係は、まさに「限定的（definite）」と呼ばれるものである（Bingham, 1993）。二人の被験者の知覚パフォーマンスは、同一であるとは言い切れないものの、ある範囲内に収まった、相対的類似以上の対応関係が認められる。

以上のように考えることを許されるならば、「被験者たちは、異なる振り方に応じて『異なる』ひも（の形）を知覚しているにもかかわらず、振り方の違いや動的な定常状態としての形の違いを越えて、その背後に『同じ』ひもを知覚している」と言うことができるかもしれない。すなわち、「形」の異なりと同時に、「形なきかたち」の恒常性を知覚しているのではないか。

形の知覚／形なきかたちの知覚

ここまで、「ひも」という、その形態が不定の物を知覚することを題材として取り上げ、それをヒントにいくつかの問題を考えてきた。その過程で、知覚に二つの水準を同定できる可能性が浮かび上がってきた。第一の水準は、「形」の知覚の水準である。これは、私たちが、一つのひものさまざまな形態を区別して知覚できるということと対応している。これにより、私たちは同じ一つのひもが、「波立っている」ことや「輪になっている」ことが理解できる。第二の水準は、「形なきかたち」の知覚の水準である。これは、私たちが、変化し、さまざまな様態を呈する形の背後に、同一の対象を知覚できることに対応している。これにより、私たちは、たとえそれが「波立って」いても「輪になって」いても、いずれも「同じひも」であることを理解することができる。

では、これらのことを知覚できるのはなぜか。つまり、これら二つの水準での知覚を可能にしている原理はどのようなもので、これら二つの水準ではその原理は異なるのだろうか。これらの問いに答えていくための鍵となるのが、ジェームス・J・ギブソン（1979/1986）の「不変項（invariants）」というアイディアである。

2 「形」の知覚と不変項——剛体のダイナミック・タッチ

私たちは、環境という刻々と事象の変化する場で生活している。そして、私たち自らも——動物の本分として——環境のなかを動き回ることができる。つまり、動物と環境のあいだでは、「運動している」ことのほうが基本であり、「静止している」ことのほうがまれなのだ（Gibson, 1979/1986 参照）。

不変項――変化のなかの持続

動物と環境とのあいだにつねに「運動」があるということは、長いあいだ、伝統的な知覚理論を悩ませてきた。伝統的な知覚理論では、知覚は、スナップショット的で要素的な刺激を原料に、そこから構成されると考えられてきた（Warren & Shaw, 1985）。そして、「運動」は、そのようなスナップショット的で要素的な刺激から導出もしくは構成される二次的なものと考えられてきたのである（Warren & Shaw, 1985）。したがって、伝統的な知覚理論では、必然的に、これらの刺激のあいだをつなぎ合わせ、補完するメカニズムが内部に仮定されることになる。しかしこのとき、動物と環境とのあいだにつねにあるであろう「運動」は、このメカニズムへの重大な妨害として働くことになる。伝統的な知覚モデルでは、動物である以上は避けられない「運動」という事態が、知覚を豊かにするものではなく、それに対する妨害として働くというジレンマに落ち込むのである。

このような伝統的な知覚モデルの困難に対して、ギブソンは、「不変項」の知覚というアイディアを提出した。「不変項」とは、動物と環境とのあいだで必然的に生じる「変化

(change)」のなかでの、相対的な「持続(persistence)」のことである(Gibson, 1979/1986)。ギブソンは、環境のなかにあり動物を包囲するエネルギー分布——たとえば光学的配列とその流動——の変化のパターンに埋め込まれた「不変項」こそが、動物が環境のなかで行為し生活するための「情報」となると考えた(Warren & Shaw, 1985)。

不変項のアイディアのそもそもの起源は、数学における「不変項」と「変化項」にある。

> 数学における不変項と変化項という抽象的概念は、環境における持続(persistence)と変化(change)に関係している。いかなる変換にも不変項と変化項、言うなれば定数と変数がある。つまり、ある特性は保存され、ある特性は保存されない。(中略)持続と変化、あるいは不変項と変化項という概念の核心は、それぞれの対で、持続と変化、不変項と変化項の双方が互いに相補的(reciprocal)であるということだ。
>
> (Gibson, 1979/1986, p.13)

次にその具体例を見ていこう。

剛体のダイナミック・タッチ

机の下のような見えないところで誰かに鉛筆を渡してもらい、それを親指と人差し指と中指の三指でしっかりともつ。そして、そのまま軽く振ってみる。すると、たとえその鉛筆を実際に目で見たことがなくても、その向きや長さを知ることができることに気がつく。これは、主として私たちの筋や腱、関節における変形との関連でもたらされる触知覚の一種と考えられており、「ダイナミック・タッチ（dynamic touch）」と呼ばれる（Turvey, 1996/2001）。ダイナミック・タッチは、私たち自身の身体——たとえば腕や脚——の向きや大きさの知覚とも関係していると考えられていることからもわかるように、とても身近な触知覚の一つである。

ダイナミック・タッチには大きな特徴がある。触覚では、一般に、皮膚が直接触れている部分すなわち対象の「一部」についてしか知ることができないと考えられている。けれども、ダイナミック・タッチでは、触れている対象の全体について知ることができる。これは、鉛筆の一部しか触れていないにもかかわらず、もっている鉛筆全体の長さについての印象が得られることを思い出せば、容易に理解できるであろう。つまり、ダイナミック・タッチは、空間的に離れた事物を特定できるという点では、視覚などの知覚と同様の特性を備えているのである。

では、ダイナミック・タッチによる知覚を支えている情報は何か。まず考えつくのは、対象の「重量」(weight) の知覚が関係しているのではないかというアイディアである。直径と密度が同じであれば、長い棒は短い棒よりも重くなる。もし、私たちに、「重量」に対する感受性があれば、「重量」はダイナミック・タッチによる非-視覚的な長さの知覚の有効な「手がかり」となるかもしれない。

しかし、重量がダイナミック・タッチによる長さの知覚の情報となっていないことは、ごく簡単な実験で明らかになる (Solomon & Turvey, 1988; Turvey, 1996/2001)。椅子に腰掛けて、カーテン越しに杖ほどの長さの棒をしっかりと握り、ゆっくりと左右に振ってみる。ただし、振っている棒はカーテンに隠れていて見えないものとする。すると、棒の先端がどのあたりにあるかについてのはっきりとした印象が得られるはずである。次に、棒を上下にゆっくりと振ってみる。今度は、棒の運動の方向と、それに対する重力の影響から、棒を振り下げているときは「軽く」、反対に棒を振り上げているときは「重く」感じるはずだ。つまりこのとき、棒の「重量」は、運動の方向によって変化していることになる。

さて、ここで問題が生じる。もし、私たちが棒の「重量」によって棒の「長さ」を知覚しているとすれば、棒の「重量」の変化に応じて、棒が「伸縮」しているような印象をもつべきはずである。しかし、実際にはもちろん、棒が「伸縮」しているようには感じない。ただ、同じ長さの棒が、上向きの運動では重く、下向きの運動では軽く感じられるだけである。伝統的な知覚理論では、おそらく、この「重量」という刺激の好ましからざる変化は、他のより「確からしい」基準となる刺激や、内的な知識によって補正されていると考えるだろう。けれどもこの種の説明は、得てして無限後退に陥る。よりスマートなアイディアがある。それが、ギブソンの提案する「不変項」の知覚である。

「不変項」としての慣性テンソル

鉛筆や杖のようなしっかりした物体――つまり、剛体としての棒――を手にもって、それを手首の回転によって振るという場面のダイナミクスは、「一点を固定された剛体の回転」として知られており、その運動方程式は次のように書くことができる（Pagano & Turvey, 1995; Goldstein, 1980）。

$$N_i = (I_{ij} \cdot \dot{\omega}_j) + \omega_j \times (I_{ij} \cdot \omega_j) \qquad \text{（式1）}$$

ここで「・」は内積を、「×」は外積を表す。また、N_iはトルク、ω_jは角速度、$\dot{\omega}_j$は角加速度、I_{ij}は慣性テンソルを表す。慣性テンソルとは、三次元の回転における慣性モーメントと慣性乗積を、3×3の行列の形式にまとめたものである。

　これらの変数のうち、I_{ij}の慣性テンソル以外はすべて、棒を振る過程で、その振り方によって変化する。たとえば、棒を振るときの角速度（ω_j）や角加速度（$\dot{\omega}_j$）は、棒を振る周期などを変えることによって変化する。トルク（N_i）もまた、棒を振る向きなどを操作することによって変化する。たとえば、先ほども例にあげたとおり、棒を振り上げる際には振り下げる際よりもより多くのトルクが必要となるので、手にもった棒を上下に振ると、そのときに必要なトルクは運動の行きと帰りで変化するだろう。

　一方、慣性テンソル（I_{ij}）については、棒が曲がったり折れたりしない限り変化しない。したがって、式1のなかでの唯一の「不変項」は、慣性テンソル（I_{ij}）ということになる。もし、私たちが物体の「慣性テンソル」に敏感であれば、私たちはダイナミック・タッチによって棒の長さを知覚することができるはずだ。これは、たとえば次のようにして実験的に確かめることができる（Solomon & Turvey, 1988; Turvey, 1996/2001）。先ほどと同じような棒を用意して、カーテン越しに被験者にもたせる。ただし、棒の途中の三か所（手元、中、先端）のどこかに、重りを取り付けてある。回転体の物理から、回転の中心である手首から離れた場所に重りが取り付けてあるほど、棒を振ったときの慣性テンソル（より具体的には、慣性テンソルの固有値のうちの最大成分）は大きくなる。したがって、もし被験者が棒の長さの知覚において慣性テンソルを情報としているのならば、実際の棒の長さは変化していないにもかかわらず、重りの取り付け位置の変化にともなう慣性テンソルの変化に応じて、棒の長さが長くなったと報告するはずである。実験結果は、この予測のとおりとなった。

ターヴェイと共同研究者たちは、十年以上におよぶ研究の結果、対象の「慣性テンソル」（の「固有値」）こそが、ダイナミック・タッチによる物体の大きさの知覚を可能にする情報、すなわち「不変項」となっていることを突き止めた（Turvey, 1996/2001）。

また、本稿では詳細に立ち入らないが、ターヴェイたちは同様に「慣性テンソル」の「固有ベクトル」が、ダイナミック・タッチによる物体の向きの知覚の「不変項」になっていることも解明した（詳細は、Turvey, 1996/2001）。

不変項としての慣性テンソルの固有値は、剛体の大きさの知覚と直接的に対応している。たとえば、振っている棒が折れ曲がったり欠損したりすれば、それに対応して慣性テンソルの固有値も変化し、知覚される印象も変化する。ここに曖昧さの入り込む余地はない（Turvey, 1996/2001)。

したがって、物体の空間的な形状はそのままに、実験的に慣性テンソルの固有値のみが操作されれば、ダイナミック・タッチによる被験者の知覚報告は疑いなく、空間的な形状ではなく慣性テンソルの固有値のほうに従う。しかし、それさえも、ダイナミック・タッチにおける不変項としての慣性テンソルが、物体の「形」――空間的な形状と必ずしも一致しないが――を直接的に特定していることの現れである。

3 「形なきかたち」の知覚と複合不変項――ふたたび〈ひも〉の知覚を手がかりとして

剛体のダイナミック・タッチにおいて知覚される情報を考えていくなかで、剛体の「形」の知覚が、対応する「不変項」の知覚によって可能になっていることが明らかになった。では、ひものような非‐剛体の、「形なきかたち」の知覚についてはどうであろうか。それもまた、不変項の知覚によってもたらされているのであろうか。

対象と触覚的な関係を結ぶときには、多かれ少なかれ力のやりとりが関与する。十分に固い剛体であれば、触れることによってそれが変形してしまうことはない。しかし、非-剛体のなかには、とても柔らかいため、弱い力によってもすぐにその形を変えてしまうものもある。ひもは、そういったものの一つである。

ひものような柔らかい物体は、その「形」を知覚するために触れると、それだけで以前の「形」を変えてしまう。ひもに「形」がないということの複雑さは、それがそもそも柔軟であるということだけでなく、触知しようとするとそれだけで「形」を変えてしまうということにも起因する。したがって、もし、ひもに「形」を知覚しようとするならば、その「形」を能動的に作り出す努力が必要である。第一節で同定した、ひもを探査する運動の六種のカテゴリーは、そのような努力の結果であり、それによってひもの運動に動的な安定性が生まれ、それがひもの「形」の知覚に帰着する。ここで観察されたような六種のひもの「形」は、いわばひもという存在の不安定さのなかに一時的に生じる相対的な安定であり、変化のなかの相対的な持続、つまり「不変項」であるということができるであろう。

さらに、ひもの知覚の観察から、次のような事実も浮かび上がってくる。ひものような非-剛体では、その「形」を特定する不変項は、ひもの「形」に動的な安定性を与えるための知覚者の努力の上に成立するはずである。これは、知覚者の運動がなければ知覚が成立しないことを示唆している。また、一方で、ひもの「形」を知覚するためになされる運動そのものは、得られる知覚ほどは安定していないということも見てとれる。たとえば、図4－2（一三八頁参照）に示されているように、行われたひも振り行為は変化する。ここでは反対に、運動が知覚によって制約され、ガイドされている。

「形なきかたち」の知覚と複合不変項

確かに、ひもには一定の「形」はないが、それにもかかわらず、私たちはAというひもとBというひもが異なっているのか、あるいは同一なのか、ということを知覚できる。それは、「回転している」とか、「波立っている」などの、ひもの一時的な「形」ではない、「形なきかたち」を知覚する能力といってよいであろう。では、そのような「形なきかたち」の知覚のための情報となっているものは何か。

「形なきかたち」とは、「形」の不安定さにもかかわらずその対象が呈する相対的に安定した特性であると考えてよいだろう。そうであるならば、「形なきかたち」とは、「形」の不安定さのなかの持続、すなわち「不変項」であるといえる。ただし、これは特に、「形」を特定する不変項のあいだの共変によってもたらされる不変項、すなわち「複合不変項」（compound invariants）あるいは「高次不変項」（higher-order invariants）と呼ぶべきものである（Gibson, 1979/1986）。

もう一度ひもの知覚の例で具体的に見ていこう。ある被験者が、吊り下げられたひもに出会い、「波立つ」ひもや、「回転する」ひも、「振り子」のように振られるひもなどの不変項を順次特定していくとする。しかし、もし私たちの知覚システムが、刺激流動のなかに変化のなかの持続、すなわち不変項をピックアップすることができ、なおかつ、不変項流動の変化のなかの持続をピックアップすることができるなら、このようにして手とひものあいだでの刺激流動のなかから不変項をピックアップする過程は、同時に、「複合不変項」をピックアップする過程としても進行するかもしれない。そうであるならば、その時点までの探査の過程でピックアップされた「複合不変項」は、「不変項」をピックアップする過程を制約する情報となるだろう。つまり、「複合不変項」こそは、たとえば、現在、波立ち回転しているひもが、私たちの手によって振り子のように振られうる特性（可能性）をもつことを知覚的に特定する情報となるのではないだろうか。

複合不変項とアフォーダンス

つまり、複合不変項は、知覚-行為の可能な実現形態を特定する不変項として考えられる。これは、ギブソン生態心理学の最重要概念である「アフォーダンス（affordance）」に帰着する。アフォーダンスとは、環境が動物に与える「行為の可能性」である（Gibson, 1979/1986）。ただし、ここで言う行為の可能性とは、曖昧さのないリアルな可能性という、伝統的な認知理論からみれば極めて異質なカテゴリーである。伝統的な認知理論では、「可能」であるとの認識は、「手がかり」にもとづく推論によってはじめて成立する。けれども、そのような認識は、推論である以上はリアルでない。しかしながら、もし、動物と環境とのあいだで複合不変項が直接知覚されるならば、それは「リアルな可能性」をも直接知覚していることになる。

動物と環境とのあいだにはつねに運動がある。しかし、動物と環境とのあいだでの知覚と行為を通じた接触に法則的な関係がある限りにおいて、そこには法則性をもった刺激作用の共変があるだろう。この共変のなかの変化と持続、とりわけそのなかの持続としての「不変項」を知覚することができれば、動物は対象や事象を特定することができるはずだ。ここまでは比較的理解しやすい。しかし、不変項の不変項である「複合不変項」というアイディアについて理解することは、それほど簡単ではない。けれどもこのアイディアは、ギブソン自身も述べているように、「アフォーダンス（affordance）」の知覚と密接に関係している。複合不変項について理解し、探求していくことが、ギブソン生態心理学のプログラムを進行させる上できわめて重要な課題となっていくだろう。

アフォーダンス理論において中心となる問いは、アフォーダンスが存在しリアルであるかということではなく、アフォーダンスを知覚するための情報が包囲光のなかに利用可能かどうかということである。アフォーダンスが知覚されるという主張に対して懐疑的な人は、対象表面のある種の特性に関する情報が光のなかにあるということには納得したとしても、食べられるという特性が光のなかにあるとまでは同意しないかもしれない。つまり、対象の味は光のなかには特定されず、対象の形態や色や肌理を見ることはできても、それが口に合うかどうかを見ることができないので、実際に「味わって」みなければならないと主張するだろう。そのように主張をする人は、視覚的な刺激変数が視覚的な刺激作用の次元を特定すること、すなわち、精神物理学的な観点から、輝度が光の強度に、色が波長に対応することは理解している。あるいはさらに踏み込んで、表面を特定する構造化された刺激作用の不変項の存在と、それらがどのようにして配列されているかということ、それらがどうやって形成されているかということも、理解しているかもしれない。しかし、観察者にとっての環境のアフォーダンスを特定する、不変項の不変の組み合わせについては、後込みする気持ちを感じるかもしれない。（中略）
それでもなお、不変項の固有の組み合わせ、「複合」不変項（compound invariant）は、もう一つの不変項なのである。それは一つの単位であり、組み合わされたり連合させられたりする「必要のない」まとまりである。

（Gibson, 1979/1986, pp.140-141、傍線は引用者による）

（三嶋博之）

文献

Bingham, G., Perceiving the size of trees: Form as information about scale, *Journal of Experimental Psychology; Human Perception and Performance*, 19, 1136-1161, 1993.

Gibson, J.J., *The ecological approach to visual perception*, Hillsdale, NJ; Lawrence Erlbaum Associates, 1986

(Originally published in 1979).

Goldstein, H., *Classical mechanics*, Addison-Wesley, 1980.

三嶋博之「手の能動触によるひものアフォーダンスの知覚」『ヒューマンサイエンスリサーチ』(早稲田大学大学院人間科学研究科紀要)、五巻、八七－一〇〇頁、一九九六。

Pagano, C.C., & Turvey, M.T., The inertia tensor as a basis for the perception of limb orientation, *Journal of Experimental Psychology; Human Perception and Performance*, 21, 1070-1087, 1995.

Shaw, R.E., McIntyre, M., & Mace, W.M., The role of symmetry in event perception, In MacLeod, R.B., & H.L.Pick (Eds.), *Perception: Essays in honor of James J. Gibson*, Ithaca; Cornell University Press, 1974.

Shaw, R.E, & Wilson, B.E., Generative conceptual knowledge: How we know what we know, In Klahr, D. (Ed.), *Carnegie-Mellon symposium on information processing: Cognition and instruction*, Hillsdale, NJ; Lawrence Erlbaum Associates, 1976.

Solomon, H.Y., & Turvey, M.T., Haptically perceiving the distances reachable with hand-held objects, *Journal of Experimental Psychology; Human Perception and Performance*, 14, 404-427, 1988.

Turvey, M.T., Dynamic touch, *American Psychologist*, 51 (11), 1134-1152, 1996. [三嶋博之訳「ダイナミック・タッチ」佐々木正人・三嶋博之（編訳）『アフォーダンスの構想』東京大学出版会、二〇〇一)

Warren, W.H.Jr., & Shaw, R.E., Events and encounters as units of analysis for ecological psychology, In Warren, W.H.Jr., & R.E.Shaw (Eds.), *Persistence and change: Proceedings of the first international conference on event perception*, pp. 1-27, Hillsdale, NJ; Lawrence Erlbaum Associates, 1985.

V章

打検士の技

——洗練された行為とアフォーダンス

大量の缶詰のなかから短時間で不良品を検出する打検という技がある。缶詰を主に叩くことで、どのようにして不良品を探し出せるのか。熟練を要するこの技に、作業現場の観察、音分析、インタビューなどを通して接近を試みる。打検はまず「音を出す」仕事であること、不良品のカテゴリーをつくる仕事であることを示唆する。

1　見えない中身を調べる

食料品に異物混入

　二十世紀最後の夏は特に、各種食料品に異物が混入するという騒ぎが、なぜか連日と言っていいくらいメディアをにぎわせた。ポテトチップスや食パンといったわれわれがふだん口にしている品々から、小動物や手袋の切れ端などさまざまな異物が出てきたらしい。機械化、自動化がすすんだ現代の食品加工技術をもってしても、そのような不良品は根絶されていないようである。

　比較的長期の保存がきく食料品の代表である缶詰製品にも、同時期に同様の事件が何件か報道された。缶詰のなかからボルトやヤモリ（！）が発見されたというニュースを想い出した読者もいることだろう。およそ二百年の歴史をもつ缶詰生産技術も現代ではかなり向上して、質の良い製品を大量にしかも廉価で生産できるようになっている。しかし一方で、とんでもない代物を混入させてしまうことも（数十年前に比べれば、ごく少なくなったと言われているが）実際に起こっている。

そのような不良品が出回れば、当然、製造した業者は信用を損なうことなるし、購入するまで中身を見ることができない消費者にとっても、そんな品物はそもそも御免こうむりたい。製造元にも消費者にも不都合な製品は未然に排除したい。

写真５－１　打検の現場

ベルトコンベアに載って流れてくる缶詰を素早く叩いている

打検は最後の全数検査

わが国の缶詰関連産業では、その草創期にあたる明治初期から、簡単にしかも出荷直前まで検査ができる方法が培われてきた。「打検」という、缶詰を文字どおり（主に）叩いて検査する方法である（写真５－１）。缶詰の蓋の部分（缶切りで切りとる部分）をまず叩いてみることで、その重量も外観も、さらに内部の状態にいたるまで、全製品をわずかな時間で調べることができる。一見しただけでは不良品か否か判断できないものが、打検を通して容易に判明するのである。

医師は、患者の胸部や腹部の状態を診るのに「打診」をすることがあるが、打検はいわば缶詰の打診である。打検という語もじつは「打診検査」の略称らしい。医師の打診は、現代では数多くの検査結果のなかのごく一部のデータを提供するに過ぎないが、打検は製品の出荷前に行われる最後の全数検査であり、それゆえ打検を施す者（打検士と呼ばれる）の責任は重大である。

打検は、かつて輸出検査法によって義務づけられていた一時期ほど盛んには行われなくなったものの、品質と消費者の信用を維持するためにコスト増をいとわず採用しつづけている企業も少なくない。それはもちろん、熟練した打検士の手にかかれば、ボルトやヤモリが混入した製品が店に並んでしまうようなことは起こらないからである。

海外の缶詰製造・輸送業では打検が採用されてきたのか否かは不明だが、少なくともポピュラーな検査法ではないようだ。なぜかわが国のみで継承されてきた検査技術らしい。ここ数年、中国で行われた技術研修に打検の教師役として参加したという打検士もおり、近い将来、そこでは打検が盛んに行われるようになるかもしれない。いずれにせよ不良品はなくなっていないのだから、打検がより一層活用されることを期待したい。

打検はいったいどのようにして可能になっているのだろう？　本章では、打検士が不良品を見つけ出す方法とはどのようなものなのか、現場観察と音響分析、インタビューをもとにできるだけ接近していくつもりである。

2　打検とはどのような作業か

検査の現場は騒がしい

打検に不可欠な道具は、先端に小さな球のついた鉄の棒（長さ二五センチメートル、重さ五〇グラムほど。「打検棒」と呼ばれる）一本だけである。他に秤が用いられる場合があるが、作業現場や缶詰の種類などによって区々で、つねに用いられているわけではない。秤は一切利用しないと言う打検士もいる。

打検棒の先端の球を缶詰の蓋の面で小さくバウンドさせながら、打検士は缶詰一つ一つを巧みに素早くたたいて検査していく（写真５－１）。写真５－１にあるように、検査対

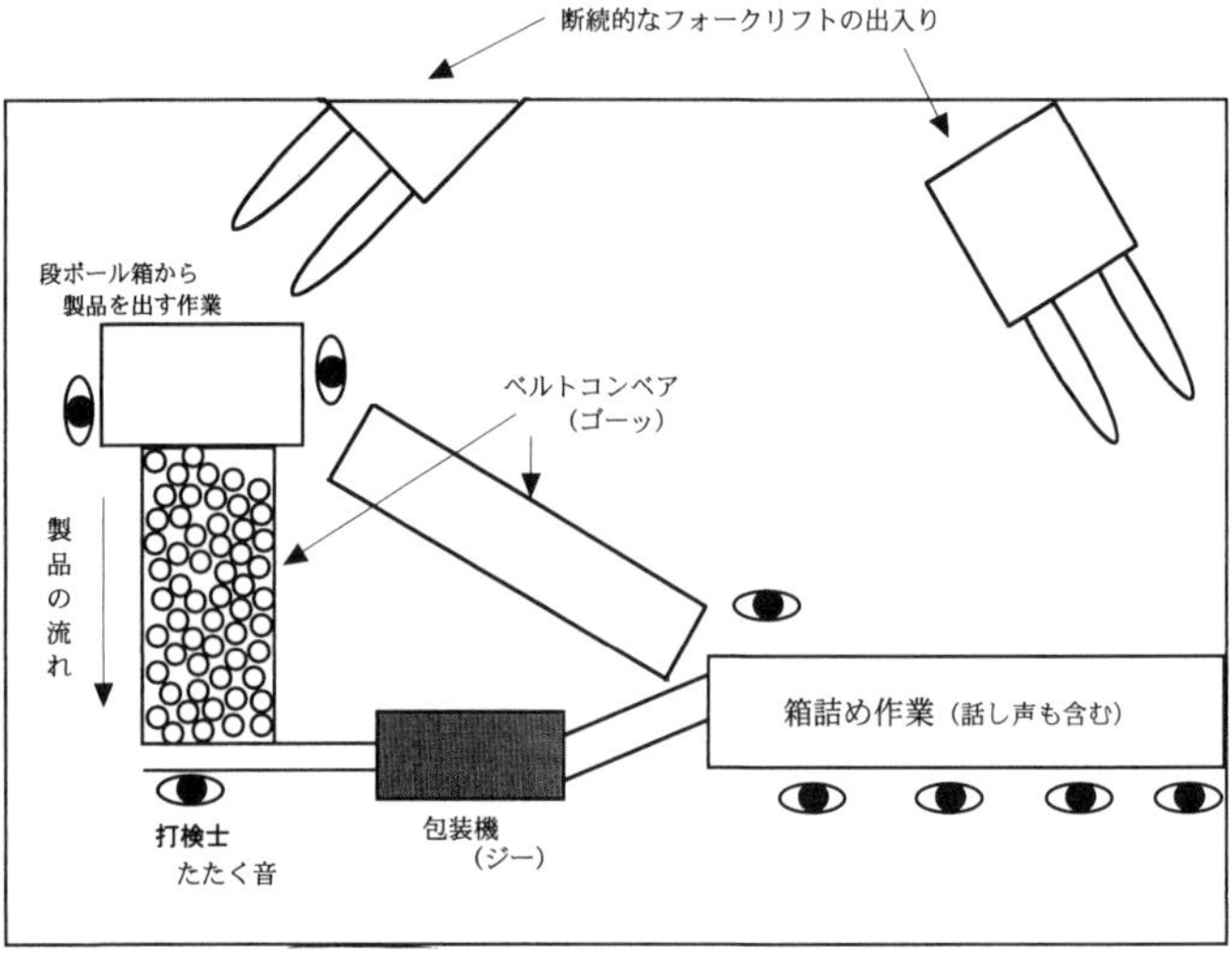

図５－１　写真５－１の作業現場のサウンドスケープ（俯瞰図）

象である缶詰は、ベルトコンベアに載って打検士の面前を流れていくことが多い。その場合、通常は一分あたり二百から三百個くらいの速さで叩くことになるが、急を要する作業などでは同様に五百個くらいの速さになることもあるらしい。これで一日一人あたり十万個以上の製品を検査することができる。また出荷前の製品のなかに不良品が混入している割合は、品種や製造工場の違いなどによってかなりバラつくが、平均して一パーセントあるかないかくらいだと言われている。

打検士が検査できる製品は、量的に多いというだけではない。内容物が固い容器の中に脱気・密封されたものであれば、あらゆる種類の製品に適用可能である。缶詰の原型である瓶詰製品はもちろん、新製品をはじめ過去に検査したことがない製品もその適用範囲のうちにあるという。

打検が行われる現場は、製品のラベリング作業に連なっている場合も多く、総じて騒がしい場所である。作業中、恒常的にある主な音源はベルトコンベアとラベリング機械であるが、その他には断続的に進入してくるフォークリフトの音が大きい（図5－1）。写真の現場でいえば、打検士から二メートルほど離れて会話しようとすると、互いに大きめに声を出さなければ成立しないくらいである。そのような騒音のある場で、缶詰を叩いて発生する音は、打検士それぞれに特徴がある叩き方や缶詰の種類（たとえばカニ缶詰は音を生じにくい種類の一つだ）などに大きく影響されるが、決して聴き取りやすい音ではない。

打検士のさまざまな振る舞い

前節では「（主に）叩く」とか「まず叩いて」というように含みをもたせて書いた。打検はもちろん叩くことにもっとも大きな特徴がある。名称の由来もそこにある。しかしながら、不良品を見つけるための一検査法としてみれば、名前は「打検」だが、全身が関わる活動だと言っていいくらい、打検士にはさまざまな振る舞いが観察できる。

もちろん叩いただけで抜き取られる不良品もあるが、叩かずに「見る」だけで抜き取られる不良品もある。たいていは叩いて取り上げるだけでは終わらずに、引き続いて異なる振る舞いが観察できる。取り上げてから、一部分を凝視したり、振って（揺らして）みたり、親指で圧力をかけるような振る舞いや、ときには鼻に近づけてにおいを嗅ぐようなこともある。またそれらが何度も繰り返されるといった光景もよく目にする。叩きながらも、音をよく聴くためかあるいはよく見るためか、前傾姿勢をとるような場面は頻繁に見られる。一度取り上げた缶詰でも、そのような振る舞いの後にふたたびコンベア上に戻されることも少なくない。

本章の以下でも、通称である「打検」を用いるが、それの意味するところは、打検士による（叩くだけではない）さまざまな振る舞いを通して成立する検査法、である。

3　缶詰という環境

検出される不良品

市場に出回る前に排除すべき不良品は、異物が混入したものばかりではなく、多種多様である。打検士の仕事は、通常、不良品を抜き取っていくだけではない。抜き取った不良品をさらに分類するのも彼らの仕事である。作業中の打検士の傍らや背後には、ふつう分類用の段ボール箱がいくつも置かれている。箱はそれぞれ不良性が似たもの同士を集めるために使われる。つまり、不良品はいくつかの項目に小分けされる。それら項目ごとの個数が報告書に記載され、検査結果として依頼業者に提出される。この報告書の作成までが打検士の仕事である。

不良品の抜き取りと分類は並行して行われる場合が多い。コンベア上を流れていく缶詰を叩きながら、折りを見て不良品を抜き取り、分類も行うのである。

通常の検査を通して、結果としてまとめ上げられる不良品の項目には、主に以下のものの

表5－1　打検によって検出される不良品の主な種類

缶詰の中身に関するもの

膨張：腐敗している

濁音（あるいは音響不良）：腐敗に進行途上の（近いうちに腐敗するであろう）もの

過量：過度に詰められている

軽量：過度に少量

品種違い：異なる種のものが入っている

分離：固形物を含む場合、それが分解している

容器に関するもの

巻締め不良：蓋あるいは底面と側部が十分接合していない

ツブレ（あるいは大凹）：主に側部の大きな歪み

凹み：軽度のツブレ

他にサビ、ラベル不良などがある

がある（表5－1）。

中身の液体や固形物に関して検出される不良品として、①**膨張**（中身が腐敗して、文字どおり缶詰自体が膨れているもの。製品の種類にもよるが、叩かずとも見るだけで検出できるものも多い）、②**濁音**あるいは**音響不良**（腐敗しているとまでは言えないがその進行途上にあり、近いうちに腐敗するであろうもの）、③**過量**（過度に詰められているもの。消費者にとっては「お得」かもしれないが、開封時の噴出や、殺菌が不十分であることも考えられるため不良品とされる場合がある）、④**軽量**（過度に少量のもの。計量法とい

う法令に基づいて、過量よりも厳密に弁別されることが多い）。

以下も同様に内容物の不良に関するものだが、現代では滅多に現れない不良品として、**⑤品種違い**（他の多くの製品とは内容物が異なるもの）、**⑥内容物の分離**（内容物の身崩れ）などがある。冒頭に引いた異物が混入したものも、実際はこれらと同様に滅多に現れない不良品の一種である。⑤、⑥のように慣習として名称が残っているものがあるが、まれにそのような不良品が検出された場合には、「その他の不良品」というようにまとめられることも多い。

缶容器の構造に関する不良品もある。**⑦巻き締め不良**（缶詰には巻き締め部という部位がある。円筒型の缶詰でいえば、筒状の胴部と円盤状の蓋部それぞれの金属板の縁どうしを巻き締めて接合した箇所である。この部位の損傷は外気の浸入経路になりやすいので、検査時にもっとも注意しなければならない不良品の一つである）、**⑧ツブレ**（主に輸送中に缶詰の胴部への強い衝撃を受けることによって生じ、商品価値を失ったもの）、**⑨凹み**（軽度のツブレ）などがある。

このようにさまざまな不良品を分類した結果は、それらが製造・輸送行程上のどのあたりで生じたのかを推測し、またその行程を効果的に改善していくための資料となる。

缶詰の来し方、行く末も見る

製品として完成された後にも不良品は生じ得る。缶詰は、もちろん製造後何百年も保つような完全な保存製品ではない。製造工程に何のミスもなく「完璧に」作り上げられた製品でも、貯蔵温度の変化や内容物自体から空気が少しずつしみ出ることなどが影響して、ごくゆっくりとだが中身は少しずつ変化（腐敗）する（たとえば平野ら、一九九二）。それとは対照的に、中身が比較的早く腐敗してしまうものもある。製造直後には腐敗していなくても、早い時期に腐敗しそうな製品は、やはり「不良品」として取り除く必要がある。

腐敗は缶詰内部が真空状態ではなくなることによって生じるが、なかでも厄介なのは、製品完成時にすでに内部にいくぶん空気が浸入した「不良っぽい品」である。上の例では②や⑦がその代表的なものである。これらは空気の浸入経路さえ断たれていれば、「完璧に」作られたものと同じくらい長持ちするものもある。また、旬のものを加工した缶詰など消費サイクルが比較的早いものなら、少々の空気の残存はあまり問題にならない。ともすれば、中身の固形物へ液汁をほどよく染み込ませるように、うまい具合にはたらく場合もあるらしい。

つまり検出される不良品のなかには、缶詰内部に空気がほんの少し残存しているだけなのか、あるいは浸入してきているのか否か、またそのことは当該の製品（あるいは中身の種類）にとってどの程度危険なのか、缶詰の「行く末」についても考慮され決定されているものがあるのだ。

同様に缶詰の「来し方」も配慮されている。より具体的な例をいくつか挙げると、たとえば内容量が一定していない場合、食材の注入工程に不備があったのではないかと推測できる。外観は何ら問題はないのに腐敗したものが多く見つかれば、脱気か巻締めの工程に何か不具合が生じたと見ることができる。

輸送や保管などの製造後の取り扱い方もなおざりにはできない。たとえばキズついたものが多ければ、輸送か保管の仕方も見直す必要があるかもしれない。特に巻締部のキズは重大で、それが缶詰内部への空気の浸入路になってしまうおそれがある。また保管の仕方が悪く、缶詰がサビ付いてしまっても同様の結果をもたらす場合がある。

不良品の判断には、缶詰の来し方行く末についてある程度、知っている（あるいは推測できる）必要がある。かつて（一九六七〜一九七六年のあいだ）行われていた打検士の資格試験においても、不良品の検出能力だけでなく缶詰の製造工程や基本的な構造についての知識が問われていた。

このような知識は、昔から授業や講義のようなものを通して得るものではなかった。打検作業を任されるまでには、通常、打検周辺で数年間ほかの作業に従事する。そこで缶詰にまつわる出来事を見聞きし缶詰自体にも触れながら、身につけていくといった「知識」である。

不良品の重要度

不良品の分類の仕方（打検の作業現場ではダホウ（打法）と呼ばれる）、より厳密に言えば、検査報告書に記載すべき項目は、検査前に決められている。つまり打法は報告書の書式に関わっている。報告書は、同様の製品について過去に行った検査結果にもとづいて作成した書式（打検を行う会社にはつねに数通りのものが用意されている）の他に、検査を依頼した業者が独自に作成するものがある。書式が違っても、「軽量」や「膨張」、「濁音」、「ツブレ」などは検査前に設定されることが多い項目である。かなり単純に、良品と不良品の二種類、あるいは廉価で販売するための二等品を加えた三種類に分けてほしいといった依頼もあるようだ。二等品には、「凹み」や巻締め部ではないところに小さなキズがついたもの、などが該当する。不良品を細かく分類する必要のない作業は、打検士にとってかなり楽なものだという。

どうやら不良品項目のなかには序列のようなものがある。一九七六年六月に行われた最後の打検士資格試験でも、実技試験の課題として、検出すべき不良品を以下の三つのレベルに分けて受験者に提示している。すなわち、致命不良缶（膨張や穴があいた缶詰など）、重不良缶（無真空缶（濁音にあたるものと思われる）、巻き締め不良、異種缶（内容物の異なるもの）など）、軽不良缶（過重、軽量、低真空缶、外傷缶など）である。

ちなみに最後の「軽不良缶」のうち、軽量をのぞく不良品のほとんどは、上記の二等品に該当しうるものである。

4　不良品を見つけるコツ

前節では打検によって検出される不良品にはどのようなものがあるのかを見てきた。本節では、そのような不良品を打検士がどのように検出しているのか、彼らが利用している情報に迫ろう。

打検士が叩き出す音

見ただけで不良品が特定される場合は別として、叩くことで発生する音は、不良品についてのもっとも重要な情報のソースの一つであるだろう。

かつてこの打検音に関する研究が行われていた。缶詰の製造技術が発展し、それまでの高級品のイメージを脱却して便利な日用保存食として、また戦場での食料物資として缶詰の増産がはかられていたころのことである。

岡田ら（一九三六a、一九三六b）は、胴部を固定した鱒缶詰を打検棒でたたいて生成した「打検音」を聴き、共鳴器と調律されたピアノを用いてその振動数を近似的に求め、その結果、重量にしたがって振動数にもある程度ばらつきがあることを示した。この実験研究によって、缶詰の少なくとも重さについては、音による弁別の可能性があることが示されたわけだ。しかし、この実験で缶詰をたたいた者が打検士だったのか否かは記されておらず、また打検士の弁別能力についても残念ながら言及されていない。

打検士が紹介されるときの常套句には、「聴き分けの名人」とか「耳の達人」などといったものがある。岡田らが示した結果にあるように、生成される音に物理的な違いがあるのだから、それを聴き分けることができれば、少なくとも鱒缶詰の重量に関しては不良か否かの判断ができるということになる（実際、均質の電磁波による音の比較を利用した打検機械が開発されているが、良・不良を判別する基準を「事前に」設定しなければならない。また適用できる製品の種類が限られる、などの制約がある）。

しかしこのような説明は、打検士たちが語ることとは少し違っている。たとえば、ある打検士は以下のように述べる。

（打検が）うまいとヘタでは、何が違うんでしょうか？）

「それはやっぱり、叩いた数が全然ちがいますよ。」

（聴いてる音が全然、数が違う……）

「そうですね。まぁ自然に覚えていくんだよね。聞かれても説明しようがないですよね、これは……なにしろ音が出れば、おぼえも早いんじゃないですか。なにしろ自分のカラーっていうか、音が出せれば。」

(音が出せてきたなぁっていうのは？)

「やっぱりその、外で聴いてればきれいに聞こえてくるよね。メロディーみたいに聞こえてくる……だから、いろんな種類の缶詰を叩いたほうが、またそれを数多く……ま、数だと思いますよ。」

(だんだんわかっていくという感じは、明らかにありますか？)

「えぇ、はい。」

(名人だという人はどういったとこが凄いんですかね？)

「まぁ確実に出してましたからね、悪いやつは。」

(そういうのは傍で聴いていても……)

「えぇ、わかりますね、出してる音っていうのは。」

(うまくなればなるほど、素人でもわかるような音というのが出せるようになる、というふうに考えていいわけですか？)

「はい、そうですね。人がわかるぐらいだったら自分で聴いててもやっぱりわかりますからね。そのぐらいの音が出せれば。」

打検技能は、多くの缶詰をたたいて経験を積み「音が出せる」ようになること、というのである。打検の現場では、新人の技量を評価するときにも「音が出てきた」とか「音が出せるようになってきた」というように表現される。打検は「不良品らしさをより明確にする音」を出すようにつとめる仕事らしいのである。それはいったいどんな音なのだろう？

打検音の分析

A社の協力を得て三種類（缶詰総量約六〇〇グラムのパイナップル六缶、同三〇〇グラムのアスパラガス水煮一一缶、同六〇〇グラムのドッグフード六缶）の良品（出荷できる品）と不良品を用い、騒音のない室内で、それらを打検士三名と打検経験のない素人三名に叩いてもらった。このとき打検士には、作業現場での検査の仕方と同じように、つまり良品か不良品かの判断ができるように叩くことを要請した。

発生した音をデジタル・オーディオテープに録り（一六ビット、四八キロヘルツ）、それぞれを一二キロヘルツまでのサウンドスペクトログラムに表して比較すると、素人に比べ打検士が発した音には、以下のようないくつかの特徴を見いだすことができた（図5－

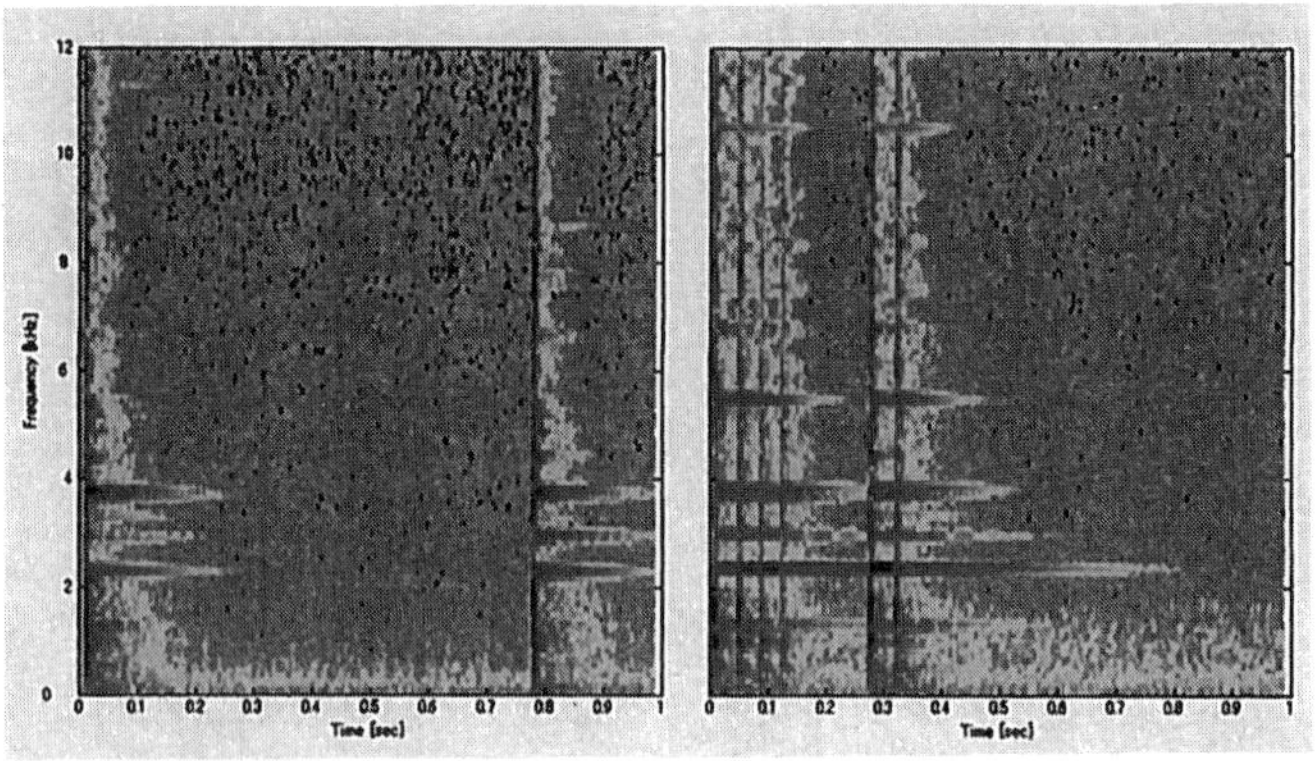

a　　　　　　　　　　b

図５－２　同一のパイナップル缶を連続して２回叩いたときの素人（a）とベテラン（b）のサウンドスペクトログラム（縦軸は12kHz までの周波数、横軸は時間（１秒間）を示す）

2）。

ⓐ周波数構造がより明瞭で、特定周波数成分に見られるレベルが高い。したがって、ⓑそれらの持続時間が比較的長い。連続的に複数回たたいた場合には、ⓒ二回日以降のたたき（による音の立ち上がり）に至るまでの時間間隔が短い。このことによって、先行するたたきで立ち上がった周波数成分の一部は、あまり減衰せずに再度立ち上がることになる。ⓓすべてのパイナップル缶と、他の缶詰の不良品のうち「濁音（あるいは音響不良）」では、ⓐおよびⓑはより明確に認められた。

　つまり打検士は、一部の缶詰製品と不良品については、周波数構造をより明瞭にまた特定成分（二・五キロヘルツあたり）のレベルを高く、より長く響くように叩き出すことができると言える。おそらくこれが「音が出せる」ということなのだろう。

しかし、すべてではなかった。ⓓに見られるように、打検士の叩きによる音の特徴を（スペクトログラム上で）明確に示すことができる製品の種類があるということ、また製品種を越えてそのような特徴を示す特定の不良品（濁音）があるようだ。

音だけではない

缶詰を叩いたときに感じとることができるのは音だけではない。打検士は、自ら叩き出した音を聴いている。叩けば手にもっている棒は震えて、それは直接手に伝わる。古い資料だが旧労働省の職務解説によれば、打検士は音の他にその「手応え」に対しても敏感であることが従来から必要とされてきている（労働省職業安定局編、一九五〇）。

上のような「音を出す」のにも、打検棒の持ち方は重要であろう。実際に打検士たちは棒をごく軽く握っており、ゆえに棒の微細な振動変化もとらえやすくなっているように見える（写真5－2）。またそうすることで、棒の先端を蓋部に「落としていく」ようにも見える素早く巧みな叩きを実現し、大量の製品検査も可能にしているのだろう。

写真５－２　打検士の棒の持ち方

打検作業を始める新人は、少なくとも棒の持ち方だけは熟練者から必ず教えられる。このように持つことで、素早い叩きが容易になり、また棒に伝わる「振動」に対してもより感受的になり得る

ある打検士は音よりも「響き」や「シビレ」という語をよく用いる。

（ここ（掌）に感じるのも「響き」なんですか。）

「あのぅ、過量とかの場合はもう、打検棒がもう（缶詰を叩きつつ）、シビレがなくて、こぅ止まった感じになっちゃうんですよね。」

（はぁ、シビレが……）

「ん、シビレがなくてね。」

（それで過量と、なっちゃうんですか。）

「えぇ。あと、膨張の場合は要するに、率直にポーンと跳ね上がってくる感じ……」

（仮に、こう耳を聞こえなくしても、結構わかる感じされますかねぇ。）

「そうですね。過量とか、そういうやつだとね。」

すでに記したように、作業現場のなかには、ベルトコンベアや包装機などの周囲の騒音が大きく、近くに立っていても叩き出された音がほとんど聴きこえないところもあるし、カニ缶詰のようにそもそも音が出にくい製品もある。打検士は音だけでなくそのような触感も利用している。

先にも少し触れたが、打検士は音と触感だけでなく光も利用する。叩くときにはふつう缶詰を見ているはずである。実際に、叩かずに取り除かれる不良品もある。蓋部の光り具合（凹凸などの表面の状態）で不良品と判断できるものがあるのだ。叩いた後にも、取り上げて胸元で蓋部の角度を変え、その光り具合から不良品かどうかを吟味するような振る舞いは、打検士にはよく見られるものである。蓋部の光り具合に異常が見られる不良品の多くは、内部に空気が浸入して腐敗したもので、良品に比べて蓋部が盛り上がって見えるという。

図5－1（一六六頁参照）に見られるように、打検士のところまで缶詰が流れ着く前に、缶詰を並べ直している人たちがいる。彼女（彼）らが不良品を抜き取ってしまう（もちろん打検する前ということになる）場面はしばしば見かけられる。そのように取り除かれる不良品

には、素人目ではすぐには見分けられないものも多い。軽度の膨張や内容量の過不足がそれだ。後者を見つけるにはかなりの熟練が必要らしいが、軽度の膨張のほうは数か月、同様の作業をしていれば見分けられるようになるという。

筆者は、打検士の傍らに立って幾度となく作業を観察したことがあるが、コンベアに載って移動している大量の缶詰のなかから光り具合のごくわずかな差異を見つけることはなかなか難しい。打検士に指摘され、他の缶詰とよく見比べてみて初めてわかる、といった程度の差異である。

打検システム

少なくとも、打検士は音を聴き分けることだけに優れた人たちではないと言えそうだ。打検は、熟練した叩きの結果としての音と触感（手応え）、さらに光り具合を見分けるなど全身のさまざまな活動をとおして不良品を見つける技、ということになるだろうか。

しかし、上のいずれかの感覚が欠けたとしても、不良品を見つけることは可能なようだ。打検作業の現場では、かつて活躍した打検名人の逸話も多く収集できるが、その中には、たとえば電話を通してボルトが混入した不良品を特定した人物やら、日常会話にも事欠くような「耳が遠い」人物が名人と謳われていたなどがある。

これらの話が本当なら、音だけあるいは触感だけでも不良品は見つけられる、少なくともいずれかの微細な「不良っぽさ」に感受的であることが打検に必要な素養である、ということになる。

心理学における伝統的な知覚の理論では、知覚は感覚受容器に押しつけられる物理刺激とそれによって生じる感覚作用をもとに成立するとされる。そこでは、打検のような視覚、聴覚、触覚などが多重に関与して不良品を特定できるようになる一種の知覚学習は、どこかに貯蔵されているとされる記憶の助けを借りながら、もろもろの感覚作用の連合をつくりあげること、というふうに説明されるのかもしれない。打検による不良品の知覚が、視覚、聴覚などそれぞれの感覚作用の寄せ集めからなるのだとすれば、それらは前もって、つまり不良品が見つかる前に、不良品についての連合がつくられていなければならないことになる。さもなくば感覚間にコンフリクト（conflict）が生じることになる。

さらにこの種の説明では、先の音分析の結果にあらわれた「叩きの熟達」はどのように扱われるのであろうか。聴覚の感覚作用だけが必要ならば、音が聴き取れればどんなものでもよいはずだ。不良品をより明確に表す「音を出す」ように努める必要はないのではないか。

打検は多種多様な製品に適用されており、もちろん当該の打検士にとって未経験の製品が検査対象となることもある。また厳密に言えば、そもそもまったく同一の性質をもつ缶詰はないし、良品、不良品にかかわらず、同じように見える缶詰でも一つ一つ少しずつ異なった性質をもっている。ある打検士はそのことを「缶詰一つ一つに顔がある」と言い表した。さらに音に関しては、たとえ同一の缶詰でも、蓋部のたたく部位が異なれば（たとえば蓋の中央か周縁部かなど）、発生する音は物理的にもかなり異なるのである（岡田ら、一九三六a）。

ギブソンは、火を知覚する例を引きながら次のように述べ、感覚モダリティにもとづく知覚説の難問を克服する。

> 火は音、臭い、熱、光を放つので、四種類の刺激作用の源であると言える。それはパチパチ音をたてたり、煙をだしたり、赤外線帯を放射したり、可視帯で放射したり反射したりする。それとともに火は両耳、鼻、皮膚、両眼に情報を提供する。パチパチいう音、煙の臭い、放射される熱、メラメラと放射される色づいた炎のすべてが同

じ事象を特定し、また、個々のものも単独で同じ事象を特定している。人は火を聞くことも、嗅ぐことも、熱を感じることも、見ることもできるし、また、これらの探知のどのような組み合わせもできるが、このようにして、火が知覚される。視覚は、色、姿、きめ、変化などといった視ることによってしか得られないもっとも詳細な情報をもたらすが、他のものもまた非常に有用な情報をもたらす。この火という事象に関しては、四種類の刺激情報と四つの知覚システムは「等価」である。

……火の知覚が情報を単にピックアップすることであるならば、どのシステムが活性化されても、意識される感覚作用は同じではないにしろ、「知覚」は同じとなる。もし、すべての知覚システムが活性化されるならば、情報は冗長となる……知覚の問題は、どのように感覚作用が連合するかではなく、「火を特定する音、臭い、暖かさ、光が、どのようにして火を特定しない他のすべての音、臭い、暖かさ、光から区別されるか」ということである。

(Gibson, 1966/1983)

ギブソンは知覚を、それまでの感覚作用の連合ではなく「情報のピックアップ」と大胆に読み換えた。間接知覚説から直接知覚への読み換えである。また情報のピックアップを可能にする「知覚システム」を構想した。感覚モダリティではなく、視る、聴く、嗅ぐなどの活動の様式に基づいて分類された複数の知覚システムそれぞれが、一つのリアリティについての等価な情報をピックアップすることができるというものである。

知覚システムになぞらえれば、打検は、複数の知覚システムの活動（視る、《叩くことを含む》聴く、嗅ぐなど）をとおして不良品あるいはその性質を探り当てる（探りつづける）作業ということになろう。

打検の巧さは、所与の缶詰の性質をいかに確実に露わにすることができるか、ということになるだろうか。打検士は「うまくなるには、たくさん叩きつづけて、音を出せるようになること」という。環境にある缶詰（対象）を支えとして、それに触れつづけることで自ずとわかってくるのだという。

知覚システム説は、このような打検士の言説だけでなく実際に示された叩きの熟達の事実にも、かつての名人たちの逸話にも矛盾しない。

5　不良品はどのように名付けられるのか

不良品の多様性

3節でほんの一部だが記したように、不良品が生まれる過程はさまざまである。さまざまではあるが、不良品の出現傾向に何がしか特徴が見られれば、製造から打検までのどのあたりに不具合が生じているのか推測することができる。それは、項目ごとに分類された不良品の個数のみを記載する検査報告書によっても端的に読みとることができるが、逆に、そのようにまとめることによって見えなくなってしまう特徴もあるはずだ。

缶詰という具体に直接ふれる打検士には、報告書の数値以上のさまざまなことが見えているに違いない。一口に「軽量」といっても、良品にするかどうか迷うような軽度のものから重度のものまでさまざまあるが、軽度のものが多かったのか、重度のものが目立ったのかは報告書の数値だけからは推し量れない。打検士はそれをいち早く、また唯一知ることができる立場にあり、しばしばそのような「内実」は通常の報告書とは別に、依頼業者に伝える場合もあると聞く。

本節では、缶詰のこのような多様な性質にもかかわらず、不良品分類はいかにして成立しているのかについて見る。不良品分類は、打検士の独自の不良品「判断」の結果としてだけ見るのではなく、作業速度や検査報告書に記載される（事前に決定されている）項目なども影響することについて触れる。

不良品項目には明確な境界はない

事前に設定される分類項目は、検査終了時まで必ず保持されるわけではない。打検士は報告書に記載するわけでもないのに、あらかじめ要請されていない、より細かい分類をすることがある。

たとえば、①それぞれの項目にふさわしい不良品だけが見つかるとは限らない。複数の項目に重複して当てはまる性質をもつもの、逆に、全項目のどれにも当てはまらない不良品が見つかることもあるだろう。このような場合、さらにその数量が多い場合には、事前の項目にはない、別の項目がつくられることがまれにある。
②特定の項目に該当する不良品の数量によってもいくぶん変更される場合がある。一つの

項目に分類される不良品が他に比べて非常に多くなると、さらに下位の項目かあるいは別の項目をつくって分類し始めることがある。

③作業の進行具合も影響することがある。作業に参加できる（打検士以外の）作業員の数が少ないときなど、作業速度が普段より遅い場合には、余裕ができた打検士は事前に設定された項目よりも多くの項目をつくることがある。その場合には事前の項目のなかにさらに下位の項目をつくることが多い。

上の例とは逆に、④複数の項目が一つにまとめられてしまう場合もある。ある項目へ分類される不良品が極端に少ない場合には、別の他の項目へ組み入れてしまうこともある。この、いわば項目統合は作業終了時に行われることがほとんどである。

打検士がつくる不良のカテゴリー

不良品の各項目はそもそもあらかじめ明確に区分できるものではないようだ。当たり前のことだが、実際に不良品が分類されるのは、特定の作業環境において特定の品物について打検作業が始まってからである。検査作業が終了した時点でも、とりあえずその時点での仮の決定といったくらいのものなのかもしれない。

事前に設定される項目もまた頑健なものではなくある程度柔軟なものであり、変更される場合があることを考慮すると、分類作業は単純に、事前の諸項目に不良品を当てはめていく作業といったものではなさそうだ。先にも触れたが、ある打検士はいみじくも「缶詰には一つ一つ顔がある」と言っていた。熟練した打検士なら、製品一つ一つの違いについて相当に細かく説明できるのかもしれない。そのような多様な不良品を分類するということは、事前の項目や不良品の出現傾向などを参照しながらも、打検士自らが説明し得る不良のカテゴリーを「つくっていく」作業なのではないだろうか。

6 まとめ——ふたたび、打検システム

打検は、叩くことに大きな特徴があるが、複数の知覚システムが関与する不良品検出のシステムである。したがって検査対象としての缶詰は、モダリティの枠を超えたインターモゥダル（intermodal）な関係性をもち得る不変項のようなものと考えられる（最近 Stoffregen

ら（二〇〇一）はモダリティという概念自体を批判的に論じ、インターモゥダルに換えてグローバル・アレイ（grobal array）という語を提案している）。不変項としての缶詰を情報として検出する「打検システム」は、現時点では以下のように記述することができる。

打検士の不良品検出には次のものが影響する。第一に、缶詰そのものの諸性質、次にそれをより明確に表す「音（振動）を出す」叩きを含む諸活動、いわば打検士の知覚的技能である。またその知覚的技能は、時間にもある程度ひらかれたものであり、缶詰の行く末に関する「予期的な」ものでもあり、来し方に関する「遡及的な」ものでもある。

さらに、不良品の検出とは分けられるものではないが、不良品を分類した（名付けた）結果のほうから見た場合には以下の事柄が影響していることについて示した。それらは、不良品の実際の出現傾向、作業速度や事前に設定される不良品項目などの打検の周縁にある事柄（起こる出来事）であった。

ギブソン（Gibson, 1979/1986）は自身のアフォーダンス理論についての記述のなかで郵便ポストの知覚を挙げ、現象的用語である「誘発性」と対比させながら以下のように述べる。

現実の郵便ポスト（それだけ）が、郵便制度があるコミュニティのなかで手紙を書く人に、手紙を出すということをアフォードするのである。この事実は、ポストがポストとして同定されるときに知覚されているのであり、またこのことはポストが見えていても見えていなくても理解されている。投函する手紙をもっているときにポストへの特殊な引力（attraction）を感じるのは驚くべきことではないのだが、重要なのは、ポストが環境の一部として――われわれが生活している地域の一物品として――知覚されているということである。……ポストのアフォーダンスの知覚は、ポストがもっているのかもしれない一時的で特殊な引力とは混同されるべきではない。

缶詰も、周縁のもろもろの事柄あるいは出来事をふくむ環境のなかに持続してある一物品である。打検では、不良品が分類された結果のほうから見ると、缶詰の周縁にあるもろもろの事柄がより明瞭に見えてくる。打検士はそのような「環境」についてもよく知っている必要がある。

不良品の分類作業は、所定の作業時間、作業速度の内で不良品に見いだされた性質でとりあえず仮決めすることであり、さらなる性質発見の可能性を残して途中で探索を打ち切ること、と見ることができる。

打検士にとっての缶詰は、複数の知覚システムのはたらきをとおして幾重にも、おそらく終わりなく探求できる、深みのある対象である。打検歴三六年のベテラン打検士は、その日行われていたカニ缶の打検についてのインタビューで、真顔で次のように言った。


（カニ缶は難しいものの一つですか）

「そうですね。一番難しいんじゃないか。」

（難しいっていうのは、一番習得するのに時間がかかったっていう……）

「いや、習得……習得までいかないよ、そんなぁ。それはやっぱり、奥が深いからさ。」


（黄倉雅広）

文献

Gibson, J.J., *The senses considered as perceptual systems*, Greenwood Press, 1983 (original work published 1966).

Gibson, J.J., *The ecological approach to visual perception*, Lawrence Erlbaum Associates, 1986 (original work published 1979).

平野孝三郎・三浦利昭『缶詰入門』日本セルフ・サービス協会、一九九二。

岡田光世・山口克巳・篠田政吉「罐詰の打検音（豫報Ⅰ）」『日本水産学会誌』五巻、四七―五〇頁、一九三六a。

岡田光世・山口克巳・篠田政吉「罐詰の打検音（豫報Ⅱ）」『日本水産学会誌』五巻、二四二―二四四頁、一九三六a。

労働省職業安定局編　『缶詰製造業：職務解説第91輯』一九五〇。

Stoffregen, T.A., & Bardy, B.G., On specification and the senses, *Behavioral and Brain Sciences*, 24, 195-261 2001.

The emergence of psychology, from Erasmus Darwin to William James. Edward S. Reed. Yale University Press, (1997)

『ギブソンの生態心理学：その哲学的・科学史的背景』　トマス・J・ロンバード著　古崎敬・境敦史・河野哲也（監訳）　勁草書房　2000（*The reciprocity of perceiver and environment: The evolution of James J. Gibson's ecological psychology.* Thomas J. Lombardo. Lawrence Erlbaum Associates, 1987）

『アフォーダンスの構想：知覚研究の生態心理学的デザイン』　佐々木正人・三嶋博之（編訳）　東京大学出版会　2001

以上の他，米国 Lawrence Erlbaum Associates 社より，生態心理学に関するシリーズ "Resources for Ecological Psychology" が刊行されている。また同出版社より，国際生態心理学会（The International Society for Ecological Psychology）の英文専門誌 "*Ecological Psychology*" が，年４回発行されている。

【ジェームス・J・ギブソンの著書】

『生態学的知覚システム』　佐々木正人・古山宣洋・三嶋博之（監訳）　東京大学出版会　2011
（*The senses considered as perceptual systems.* James J. Gibson. Houghton Mifflin Company, 1966）

　ギブソンによる第二番目の著書。動物の知覚器官として，その解剖学的な単位を越え，環境の意味や価値と直接的に対応した「知覚システム」と呼ばれる機能的単位を提出し，その詳細について論じている。

『生態学的視覚論』　古崎敬・古崎愛子・辻敬一郎・村瀬旻（訳）　サイエンス社　1985　（*The ecological approach to visual perception.* James J. Gibson. Houghton Mifflin Company, 1979）

　ギブソンによる第三番目にして最後の著書。ギブソンが生涯を通じて検証を重ねた視覚の事実が体系的に述べられ，それらが同時に生態心理学の基礎理論として結実している。

【日本語で読める専門的な文献】

「運動制御への生態学的アプローチ」　佐々木正人・三嶋博之著　岩波講座認知科学 4 『運動』第一章　岩波書店　pp.1-29.　1994

『アフォーダンス』　佐々木正人・松野孝一郎・三嶋博之編　シリーズ「複雑系の科学と現代思想」　青土社　1997

『アフォーダンスの心理学：生態心理学への道』　エドワード・S・リード著　細田直哉（訳）　新曜社　2000　（*Encountering the world.* Edward S. Reed. Oxford University Press, 1996）

『魂から心へ：心理学の誕生』　エドワード・S・リード著　村田純一・染谷昌義・鈴木貴之（訳）　青土社　2000　（*From soul to mind:*

ギブソンの生態心理学を知るためのブックガイド

【入門書】
『アフォーダンス：新しい認知の理論』　佐々木正人著　岩波書店　岩波科学ライブラリー　1994
　ジェームス・ギブソンが生態心理学を構想した過程をたどりながら，アフォーダンスについてわかりやすく解説している。

『知性はどこに生まれるか：ダーウィンとアフォーダンス』　佐々木正人著　講談社　現代新書　1996
　生態心理学者であるエドワード・S・リードによるチャールズ・ダーウィンの再評価を手がかりとして，「知性」と呼ばれるものの起源と，アフォーダンスについて述べている。

『エコロジカル・マインド：知性と環境をつなぐ心理学』　三嶋博之著　日本放送出版協会　2000
　アフォーダンスを探るシステムとしての身体について，それを自己組織的な系として扱うダイナミカル・システム理論との関連から解説している。

『知覚は終わらない：アフォーダンスへの招待』　佐々木正人著　青土社　2000
　研究者，アーティスト，技師といったさまざまな領域の専門家との対話を中心に，アフォーダンスのリアリティに迫ろうとするエッセイ集。

黄倉　雅広（おうくら・まさひろ）　V章
1970年生．名古屋大学大学院人間情報学研究科博士後期課程満期退学．現在，東京大学環境安全本部助教．主な著訳書に，『身体性とコンピュータ』（分担執筆，2000年，共立出版），「いったい何が聞こえているんだろう？」（共訳，2001年『アフォーダンスの構想』，東京大学出版会），『生態学的知覚システム』（共訳，2011年，東京大学出版会）．

編者・著者紹介

佐々木正人（ささき・まさと）　編者・III章

1952年生．筑波大学大学院心身障害学研究科博士課程中退．現在，多摩美術大学客員教授，東京大学名誉教授．主な著書・編訳書に，『アフォーダンス－新しい認知の理論』(1994年，岩波科学ライブラリー)，『知性はどこに生まれるか－ダーウィンとアフォーダンス』(1996年，講談社現代新書)，『知覚はおわらない－アフォーダンスへの招待』(2000年，青土社)『アフォーダンスの構想』(共編著，2001年，東京大学出版会) ほか．

三嶋　博之（みしま・ひろゆき）　編者・IV章

1968年生．早稲田大学大学院人間科学研究科博士後期課程修了．福井大学教育地域科学部助教授を経て，現在，早稲田大学人間科学学術院人間情報科学科教授．主な著書・編訳書に，『エコロジカル・マインド』(2000年，ＮＨＫブックス)，『アフォーダンスの構想』(共編訳著，2001年，東京大学出版会)，『生態心理学の構想』(共編訳著，2005年，東京大学出版会) ほか．

宮本英美（みやもと・えみ）　I章

1973年生．東京大学大学院教育学研究科博士課程中退．ＡＴＲ人間情報科学研究所客員研究員を経て，元独立行政法人新エネルギー・産業技術総合開発機構ＮＥＤＯフェロー．主な論文に，「頸髄損傷者の日常動作獲得における『同時的姿勢』の発達――靴下履きの縦断的観察」(共著，1999年『東京大学教育学研究科紀要』第39巻，p. 365-381)

鈴木健太郎（すずき・けんたろう）　II章

1966年生．早稲田大学大学院人間科学研究科博士後期課程退学．現在，札幌学院大学人文学部准教授．主な論文に，「行為の潜在的なユニット選択に働くタスク制約：日常タスクに観察されるマイクロスリップの分析」(共著，2001年『認知科学 8 巻 2 号』) ほか．

【身体とシステム】
アフォーダンスと行為

2001年11月30日　初版第１刷発行　［検印省略］
2025年２月10日　初版第８刷発行

編著者　佐々木正人
　　　　三嶋博之

発行者　金子紀子

発行所　株式会社　金子書房
〒112-0012 東京都文京区大塚３－３－７
電　話　03（3941）0111〔代〕
ＦＡＸ　03（3941）0163
振　替　00180-9-103376
https://www.kanekoshobo.co.jp

印　刷　藤原印刷株式会社
製　本　島田製本株式会社

Printed in Japan
ISBN 978-4-7608-9511-3 C3311